Legal analysis of proxy solicitation system for shareholder voting

股东投票代理权征集制度的法律分析

贺大伟 著

图书在版编目(CIP)数据

股东投票代理权征集制度的法律分析/贺大伟著.—上海:立信会计出版社,2017.10
ISBN 978-7-5429-5583-8

Ⅰ.①股… Ⅱ.①贺… Ⅲ.①股东-代理制-法律-研究-中国 Ⅳ.①D922.291.914

中国版本图书馆 CIP 数据核字(2017)第 268894 号

策划编辑　窦瀚修
责任编辑　王斯龙
封面设计　南房间

股东投票代理权征集制度的法律分析

出版发行	立信会计出版社		
地　　址	上海市中山西路 2230 号	邮政编码	200235
电　　话	(021)64411389	传　　真	(021)64411325
网　　址	www.lixinaph.com	电子邮箱	lxaph@sh163.net
网上书店	www.shlx.net	电　　话	(021)64411071
经　　销	各地新华书店		
印　　刷	江苏凤凰数码印务有限公司		
开　　本	880 毫米×1230 毫米　1/32		
印　　张	4.625		
字　　数	112 千字		
版　　次	2017 年 10 月第 1 版		
印　　次	2017 年 10 月第 1 次		
书　　号	ISBN 978-7-5429-5583-8/D		
定　　价	32.00 元		

如有印订差错,请与本社联系调换

前言

随着我国国民经济的持续、快速、健康发展,社会各界对于市场经济法治属性和制度属性的认知日渐熟知,对于法律制度尤其是民商事、经济类法律制度绩效的感知持续深化,期间,以《公司法》《证券法》等为代表的商事立法对于我国市场经营主体的制度塑造功不可没。《股东投票代理权征集制度的法律分析》一书即是从公司治理的角度,根据当前我国资本市场和产权市场中股份公司数量急剧增多、规模不断扩大、内部治理结构日趋复杂、股权结构日益分散的时代背景,就如何以股东投票代理权征集这一工具来争夺公司控制权所进行的法律分析。

依照各章的内在逻辑,本书分为以下五个部分:第一部分主要从代理权征集制度的产生背景出发,回顾了制度的发展历史,重点阐释了其运作机理,以及在公司、证券法律制度体系中的定位。第二部分深入分析了代理权征集制度的法律特征、法理基础、在现代公司治理结构中发挥的作用及潜在弊端等问题,并重点比较了其与公司法、证券法领域中类似制度之间的功能异同。第三部分主要研究代理权征集制度的具体内涵,以及理论中所面临的问题,本部分主要从代理权征集行为的主体、征集行为、投票代理权的授予及其行使、代理权征集中的法律责任与救济等四个角度出发,对代理权征集法律关系中的主体、行为、权利义务、责任等理论进行了深度剖析。第四部分重点对我国证券市场上代理权征集实践中存在的法律问题与操作障碍做了一定的探讨,以期从实证分析的角度对代理权征集的制度完善提供现实素材。第五部分主要研究代理权征集制度在我国的立法完善,本部分结合我国的立法现状与证券市场发展的最新趋势,详细论证了立法层面对代理权征集制度作出回应的必要性与可行性,并就立法确立代理权征集制度的具体路径提出了一些建议。

本书系作者个人对代理权征集制度领域的若干学术问题所进行的一次探索性、尝试性研究,学术观点与论证方法难免存在不成熟、不完善之处,欢迎读者予以及时指正。

需要特别指出的是,本书能够得以出版,离不开立信会计出版社窦瀚修社长、赵新民老师和王斯龙老师的大力支持,在此一并表示感谢!

贺大伟

2017 年 10 月

目 录

绪论 …………………………………………………………… 1

第一章 代理权征集制度的逻辑起点 …………………… 3
第一节 代理权征集制度的孕育土壤 ………………… 4
一、公司制度与股东权 ……………………………… 5
二、股东投票表决权 ………………………………… 7
三、公司控制权 ……………………………………… 10
第二节 代理权征集制度的运作机理 ………………… 15
一、代理权征集的客体是代理权，代理的内容是股东的
投票表决行为 …………………………………… 18
二、代理权征集是一种双方的合意行为 ………… 19
三、代理权征集意味着股东投票权与股权在一定程度
上的分离 ………………………………………… 20
第三节 代理权征集制度的功能定位 ………………… 20
一、控制权、所有权、控股权、表决权 ……………… 22
二、公司控制权的争夺机制 ………………………… 24

第二章 代理权征集制度的法理基础 …………………… 32
第一节 代理权征集制度的法理基础 ………………… 33
一、民法理论基础 …………………………………… 34
二、商法理论基础 …………………………………… 36
第二节 代理权征集制度的利弊分析 ………………… 40
一、代理权征集制度的积极作用 …………………… 40

二、代理权征集制度的消极作用 …………………… 42
第三节　代理权征集制度的规则边界 ………………… 45
一、代理权征集与表决权信托 …………………… 45
二、代理权征集与企业并购 ……………………… 47
三、代理权征集与股东投票协议 ………………… 50

第三章　代理权征集制度的本体分析 ……………………… 53
第一节　代理权征集制度的主体分析 ………………… 54
一、征集人资格的认定 …………………………… 54
二、被代理人资格的认定 ………………………… 61
第二节　征集行为及其展开 …………………………… 63
一、征集行为的界定 ……………………………… 64
二、征集行为的适用范围 ………………………… 65
三、有偿征集禁止 ………………………………… 68
四、委托书的格式与内容 ………………………… 70
五、征集行为中的信息披露 ……………………… 72
六、征集投票权的数量 …………………………… 75
第三节　投票代理权的授予及其行使 ………………… 77
一、代理的方式 …………………………………… 79
二、授权的期限 …………………………………… 80
三、代理权的撤回 ………………………………… 81
四、投票代理权的行使 …………………………… 83
第四节　代理权征集中的法律责任与救济 …………… 84
一、代理权征集中的法律责任 …………………… 85
二、股东权利的救济 ……………………………… 89

第四章　代理权征集制度的实证分析 ……………………… 92
第一节　海外的实践与立法 …………………………… 92
一、代理权征集制度在海外市场实践中的总体特点 ……… 92

二、代理权征集制度在海外的立法借鉴 …………… 95
　第二节　我国的实践与立法 …………………………… 106
　　一、市场实践 …………………………………………… 106
　　二、我国大陆的立法 …………………………………… 112
　第三节　代理权征集制度在我国的适用性分析 ……… 114
　　一、代理权征集实践的绩效评价 ……………………… 114
　　二、代理权征集在我国市场中的适用性分析 ………… 118
　　三、结论 ………………………………………………… 120

第五章　代理权征集制度的完善路径 ………………… 122
　第一节　我国立法确立代理权征集制度的必然性 …… 122
　　一、必要性 ……………………………………………… 123
　　二、可行性 ……………………………………………… 127
　第二节　代理权征集制度的完善路径 ………………… 128
　　一、立法价值取向 ……………………………………… 129
　　二、立法原则 …………………………………………… 130
　　三、立法模式 …………………………………………… 132

参考文献 ………………………………………………… 133

绪　论

股东投票代理权征集制度(Proxy Solicitation,以下简称"代理权征集制度")是指在公司治理结构中,征集者为了在公司股东大会上取得投票表决权的优势,使股东大会通过对其有利的方案,甚至达到对公司控制的目的,而以公开的方式请求股东委托征集者或其指定的第三人出席股东大会并代为投票的制度。代理权征集是一种以代理方式取得股东投票权的行为。在代理权征集中,征集者向股东发出空白投票代理权委托书,劝说股东授予其代理权,当股东以授予代理权的意思填写委托书并送还时,以股东投票表决权的代理行使为目的的委任契约即告成立。

代理权征集制度是商法尤其是公司法、证券法理论与资本市场实践共同发展的天然产物,是公司所有权与经营权分离的必然结果。随着现代社会的发展,公司由封闭走向开放,股份公司数量急剧增多、规模不断扩大、内部治理结构日趋复杂、股权结构日益分散,使得公司已日渐由股东会中心主义走向董事会中心主义,这一方面使得公司管理的专业化、效率化特征大为增强,另一方面也使股东对公司的掌控能力大为减弱,股东优先的地位受到严重挑战。在此情况下,法律如何在促进公司发展、追求公司治理效率的同时寻求股东利益的保护便显得尤为重要。而代理权征集制度的出现为中小股东有效行使投票表决权、加强对公司的参与提供了一条救济途径。代理权征集制度的运用,使得少数股东投票权的集体行使成为可能,从而使少数股东有可能通过征集足够数量的投票权,影响乃至控制股东大会,进而进入甚至改组董事会,以对现任经营者形成外部压力与制衡,促进公司治理结构的优化,最终强化对股东尤其是中小股东权利的保护。

对代理权征集制度作深入研究在我国具有比较强的理论意义和现实意义。我国现代公司制度建立的时间不是很长,而且在社会经济生活中发挥重要作用的公司多是从国有企业改制而来,兼之制度文化的贫瘠,使得不重视股东权益,尤其是中小股东无法有效行使权利的现象非常严重。因此,作为一项工具性权利,代理权征集制度为中小股东参与公司决策、监督公司经营提供了一条有效途径,对强化股东利益的保护、健全公司治理结构将发挥一定的作用。同时,对于我国证券市场而言,随着多层次资本市场制度建设的不断推进,公平、公开、公正的理念日益深入人心,股权多元化、分散化的微观基础和全流通的宏观环境共同为证券市场各项基本制度的健全奠定了基础,这必将促使各种市场化的收购兼并、代理权征集行为的频繁发生,为上市公司的发展提供一个极富竞争色彩的市场土壤,以从根本上推动我国资本市场的发展与飞跃。在此基础之上,代理权征集也成为公司的现任管理层与在野者争夺公司控制权的有力工具,对上市公司控制权市场的完善起着重要的作用。随着理论研究的深入与实践案例的丰富,立法上的制度回应势在必行。我国新《公司法》明确规定了代理权征集制度,为该制度提供了操作上的可行性。然而,如何进一步细化代理权征集制度的法律规定,完善整个征集行为中各方主体的权利义务,以应对实践中日益增加的征集事件,同样具有重要的现实意义。

贺大伟

2017 年 10 月

第一章 代理权征集制度的逻辑起点

商法是市场经济运行机制的基本法。在近现代中国法律体系中,以"商"为主要研究对象的商法颇为特殊:一是因为近代中国商法的发展,虽历经曲折,但仍茁壮成长,在商品经济从无到有、从薄到厚的土壤中不断生根发芽,在从清末到民国并持续至今的民商合一与民商分立的立法体例争论中渐成体系;二是因为改革开放以来,我国商事立法的步伐明显加快,尽管实质意义上的商事法律体系已基本建立,但以"商"冠名的法律相对较少。我国清代学者郑观应曾经这样描述过:"商理极深,商务极博,商心极密,商情极幻。"[1]与调整社会"病理"现象的刑法不同,民商法是调整社会经济运行机理现象之法,因此,以"商"这种经济现象为研究对象的商法,必然要对市场经济运行过程中的诸多市场经济活动、行为、现象以及成果进行深入探讨。可以说,从"商"这种经济现象与市场经济运行基础之法的互动关系角度入手探究,可以更深刻地揭示市场机制运行的内在逻辑和商法体系的制度走向,而代理权征集制度则是这一互动关系的具体表征与体现之一。

---

[1] 转引自黄国雄、曹厚昌:《现代商学通论》序言,人民日报出版社1997年版,第1页。

第一节　代理权征集制度的孕育土壤

随着我国社会主义市场经济制度的不断发展，作为商法体系内的重要组成部分，以公司法为代表的公司法律制度也不断完善，并为确立现代企业制度、完善企业法人制度、促进市场主体和交易行为的规范化发挥了重要的作用。在市场经济体系中，企业是最为重要的市场主体和最基本的市场经济微观基础。公司是现阶段我国企业形态的主要类型，被视为市场经济的主人翁，是经济发展、科技进步、百姓富庶、国家强大、社会和谐的物质基础，是加快发展社会主义市场经济、民主政治、先进文化、和谐社会、生态文明的微观细胞①。公司的主体资格是否合法合规、公司的结构是否健全、公司的行为是否规范，直接涉及公司、股东、职工和债权人的合法权益，进而影响到社会经济秩序的稳定。同时，作为公司法姐妹法的证券法及相关证券法律制度，则为推动企业募集资金、促进资源合理配置、推动现代企业制度、促进资本市场良性发展发挥了尤为重要的作用。可以说，公司法和证券法通过规范公司的组织和行为、建立健全公司治理结构、促进资源合理配置，以实现维护资本市场秩序和社会经济秩序的价值追求，进而达到健全市场经济基础、促进社会主义市场经济发展的目标。

代理权征集制度，正是公司法、证券法与市场经济体制良性互动的一个缩影，是商法理论与市场经济实践共同发展的天然产物。随着现代社会的发展，公司由封闭走向开放，股份公司数量急剧增多、规模不断扩大、内部治理结构日趋复杂、股权结构日益分散，使得公司已日渐由股东会中心主义走向董事会中心主义，这一方面使得公

---

① 刘俊海：《现代公司法（第三版）》（上册），法律出版社2015年版，第12页。

司管理的专业化、效率化特征大为增强,交易成本大幅降低,另一方面也使股东对公司的掌控能力大为减弱,股东优先的地位受到严重挑战。在此情况下,法律如何在促进公司发展、追求公司治理效率的同时保护股东利益便显得尤为重要,而代理权征集制度的出现为中小股东有效行使投票表决权、加强对公司的参与提供了一条救济途径。

一、公司制度与股东权

公司是市场经济中人与人合作的主要形式,是市场经济运行的主体。正是通过这种形式,不同要素的所有者可以组织在一起,合作生产或提供市场所需要的产品和服务,并获得各自的收入①。公司由股东发起设立,并与股东相互依存。没有股东,就没有公司;没有公司,就没有股东。而作为公司法经典概念的公司营利性理论,凸显了公司不同于非营利法人或者公益法人的商事色彩。《美国模范商事公司法》明确将公司称作"商事公司"(Business Corporation);德国著名社会学家托尼斯也明确提出,公司是一种利益社会,与国家这样的协同社会有所不同:前者以个人为目的,以公司为手段;而后者以社会为目的,以个人为手段②。传统理论认为,作为价值取向的公司营利性,更多强调的是公司自身作为商法人的营利性,而忽视了股东作为商自然人的营利性。对于后者,研究的侧重点大都集中于公司股东权利的保护。但从经济人理性的角度分析,显然,公司股东的营利性同样不可忽视,股东有权从公司取得投资回报,也希望从公司获得最大价值的合法回报。而实现这一目标的最合理状态在于公司整体营利能力的最大化。因此,在此逻辑前提之下,强调股东的营利目的,无论是在何种公司形态之下,均有利于推动实现公司整体利益的

---

① 张维迎:《理解公司》,上海人民出版社 2014 年版,第 2 页。
② 转引自[日]田中诚二、堀口亘、川村正幸:《新版商法》,九全订版,第 96~97 页。

最大化。基于此种考量,公司法的制度设计中,无论是公司的治理结构、资本制度,还是公司并购重组抑或财务会计制度,都应有利于提升公司整体的经营效率和竞争力,致力于培养公司的竞争优势,改善公司的经营业绩,从而使公司通过降低交易成本、提升经营效率,达到公司利益与股东利益的最大化,最终实现公司营利性的目的。

公司是股东依法投资设立的企业法人,对股东全部投资依法享有法人财产所有权,自主经营,自负盈亏,独立享有民事权利,独立承担民事责任,此之所谓公司独立法人人格。与之相对应,股东权是指因出资、继承、受赠等取得公司股份的自然人和法人基于股东地位可对公司主张的权利。股东权并非源于天赋,而是源自法律规定和法律行为。一方面,如果没有公司制度的存在,没有公司的出资,就没有股东权的存在;另一方面,因公司之设立,股东权从传统民法的物权法和债权法两大板块中脱颖而出。对于股东权的产生逻辑,公司法史上曾有基于社员权说的"股份特权说"和基于公司财团说的"股份债权说"。前者将公司仅作为将分散的多数人的企业所有权简单化的制度来理解,否认了公司作为独立法人所具有的自体利益,甚至将公司利益仅仅还原为股东个人利益,而抹杀了股东权的团体性、公司的法人性乃至社会性;后者则混淆了股东权与债权的本质区别,否定了公司的社团性,忽视了股东作为公司成员的地位①。现代公司制度的精髓在于,公司虽由股东投资组建,但在法律人格上却与股东完全分离,并对由股东投资形成的公司的全部财产享有民法上的所有权,并通过运用自己的财产自主经营,自负盈亏,独立承担责任,此即公司法人独立制度,亦即公司法人所有权或法人财产权。

我国《公司法》(2013年修正,以下简称"《公司法》")第1条开宗明义揭示了股东权之保护为立法宗旨之一,并在第3条和第4条分

---

① 刘俊海:《现代公司法(第三版)》(上册),法律出版社2015年版,第26页。

别高度概括了公司法人独立财产权和公司股东权。《公司法》第3条规定:"公司是企业法人,有独立的法人财产,享有法人财产权。公司以其全部财产对公司的债务承担责任。"第4条规定:"公司股东依法享有资产收益、参与重大决策和选择管理者等权利。"同时,股东依据《公司法》,享有以下权利:股东大会出席权及表决权;公司章程、股东大会会议记录和财务会计报告查阅权;建议权;质询权;股东大会召集请求权;就违反法律、行政法规以及侵犯股东合法权益的股东大会和董事会决议向法院提起要求停止该违法行为和侵害行为的诉讼的权利;股票交付请求权;新股认购优先权;股份转让权;股利分配请求权;剩余财产分配请求权等。

二、股东投票表决权

股东投票表决权(Shareholders' Voting Right)又称股东议决权,指股东基于其股东地位而享有的就股东大会决议事项作出一定意思表示(含赞成、反对或者弃权)的权利。在股东权益中,对股东最有价值的权利主要体现在公司股利分配请求权和董事、监事选举权上,前者为股东经济性之权利,后者为股东管理性之权利。无论何种权能,其内容的实现前提均依赖于股东将其意思表达于股东大会,也即股东行使表决权。公司法中所确立的公司决议是公司整体意思的表达。由公司各个股东的内心意愿上升至公司整体决议的路径在于:股东通过行使表决权,将内心的意愿转化为法律所认可的意思表示,而众多股东的意思表示的集合在经过公司法所确立的资本多数决规则之下,最终形成股东大会决议,从而上升为公司的整体意思表示。尽管现代公司的管理已由股东会中心主义向董事会中心主义演进,但公司最终决议的形成仍是股东大会通过股东决议。因此,可以说,如果没有股东表决权制度,股东权的实现方式乃至股东大会制度将沦为具文,公司的运作秩序将会陷于紊乱,股东权的基本表达都无从谈起,何来股东权利的保护?

如果说有限责任是公司法的第一显著特征,那么,股东表决权则是公司法的第二显著特征。这一论点从法律经济学角度亦可找到答案,原因在于,公司法赋予股东而非他人表决权之根本原因是,在一般情况下,只有股东才是公司剩余利益的请求权人,尽管债权人和劳动者对公司收益的请求权先于股东获得满足,且其请求权具有确定性,劳动者的请求权更是在其公司提供劳动之前就已通过劳动合同获得确定,但是,相较于股东而言,债权人和劳动者的此种权利并不能被界定为剩余索取权以及剩余决策权。如果股东的自益权是风险之海中漂泊的小船,那么表决权就是这艘小船的帆和桨①。

在公司法上,股东投票表决权的性质可以作如下界定。

(一)股东表决权为固有权

固有权和非固有权的划分标准在于股东权的性质。固有权又称不可剥夺权,是指公司法赋予股东的、公司不得以章程或者股东会决议予以剥夺或者限制的权利。非固有权又称可剥夺权,是指可由公司章程或者股东会决议加以限制或者予以剥夺的股东权。区分固有权与非固有权的意义在于加强股东的维权意识,当股东的固有权被限制或者被剥夺时,股东可以依法采取补救措施。基于此标准,可以判断,表决权是基于股东地位而从股东权中自然衍生的一种权能,除非依据法律规定,不容公司章程或者股东大会决议予以剥夺或者限制,故应属于固有权。

(二)股东表决权为共益权

自益权和共益权的划分标准在于股东行使权利的目的不同。自益权侧重于股东为了自己的利益而主张和行使的权利,如股利分配请求权、剩余资产分配权等;而共益权侧重于股东不仅为了自己的利

---

① 刘俊海:《股份有限公司股东权的保护》,法律出版社2004年版,第251页。

益,还兼以公司的利益为目的而主张和行使的权利,如请求召集股东会的权利、选择管理者的权利、派生诉讼等。就内容而言,自益权多属财产权,而共益权多属管理权。在股东投票行为中,股东行使表决权固然要体现各自的利益诉求,希望投资收益最大化,但由于公司的整体意思表示来源于多个股东表决权的共同行使,在发生股东意见不一致时,采用资本多数决规则,在此规则体系之下,单个股东表决权的行使往往会介入公司和其他股东的利益。在通常情况下,此种介入并非为股东自身经济权利目的而行使,而是更侧重于影响公司整体决策以及其他股东决策的带有管理性质的权利。从这一意义上讲,股东表决权更多属于共益权。

(三)股东表决权为单独股东权

单独股东权相较于少数股东权而言,其划分标准在于股权行使的方式不同。单独股东权是指仅持一股的股东就可以单独主张和行使的权利,如资产收益权等。少数股东权是指持有已发行股份达到一定比例以上的股东才能行使的权利,如《公司法》中规定的股东对股东大会的特别召集权、股东的临时提案权等。根据这一划分标准,股东表决权为单独股东权,这是一股一表决权的基本规则要求,也是各国公司的通例。

(四)股东表决权为一般股东权

一般股东权和特别股东权的划分标准在于股东权利行使主体的不同。一般股东权是指公司普通股东依法享有的权利。特别股东权是指依法专属于特别股东的权利,如发起人股东、优先股股东通常享有一般股东不享有的一些特权。作为股东将意思表示表达于股东大会的一种方式和途径,表决权为所有股东所享有,而不区分一般股东还是特别股东,据此,表决权为一般股东权。

此外,包括股东表决权在内的股东权是民事权利在商法尤其是公司法领域的一项重要表达形式。当表决权被公司或第三人所侵害时,股东可以依据公司法的原则和制度规定,提请股东大会撤销决议,并有权对直接参与此种侵权行为的董事请求损害赔偿,或者依据侵权法的一般原则,向第三人侵权人请求停止侵害、排除妨害和损害赔偿。因此,表决权除了具有商法尤其是公司法中的特别属性之外,还具有民法意义中特殊民事权利的属性。

三、公司控制权

公司控制权理论是现代企业治理中的一个重要问题,其主要内容是研究现代股份公司中决定公司资源管理的权力,这对于公司发展具有决定性作用。同时,公司控制权问题也是资本市场中需要研究的重要问题之一,实践中愈演愈烈的公司收购与反收购案例以及日益增多的代理权征集案例也印证了公司控制权的核心价值。

中文的"公司控制权"一词来源于英文中的"Corporate Control",作为一个跨学科的研究对象,经济学、管理学、法学、社会学等学科都把公司控制权纳入自己的研究领域。公司控制权是一种具有复杂结构的经济性权利,其在不同的学科有着不完全相同的内涵,甚至在同一学科的不同领域内,意义也不甚相同。因此,想要对公司控制权进行准确的界定显然是不可能的。西方国家的经济学家们耗费数十年的精力研究这一命题,得到迥然有别的结论,构建了不同的理论体系,同时使得公司控制权的概念更加模糊,难以界定和度量[①]。

公司控制权的概念最早由美国法学家伯利(Berle)和经济学家米恩斯(Means)联合提出。1932年,伯利和米恩斯联合出版了《现代公司与私有财产》,其中首次提出"所有权与控制权相分离"(the Sepa-

---

① 甘培忠:《公司控制权正当行使的制度经纬》,载沈四宝、丁丁主编:《公司法与证券法论丛》第2卷,对外经济贸易大学出版社2006年版。

ration of Corporate Ownership and Management)①的论点,即股份公司的股东虽然是公司资本的所有者,但是对公司的经营权无法介入,经营权完全掌握于董事会②。伯利和米恩斯认为,与所有权相分离的控制权是指无论是通过行使法定权利还是通过施加压力,实际上有权选择董事会成员或其多数成员的权力。同时,根据公司所有与管理的关系,伯利和米恩斯将当时美国公司控制权的形态归结为五类:全部控制、多数控制、法律方式的控制、少数控制以及纯粹经营者控制。从伯利和米恩斯的命题出发,现代企业理论认为,公司所有权与控制权的分离使得股东与管理者之间形成了一种委托代理关系,在这一委托代理关系中,股东作为委托人总是希望作为代理人的管理者能够从股东利益最大化出发来管理公司,而管理层由于只拥有很少股份甚至不拥有股份,因此,其在掌握公司控制权时,就可能为了追求自身利益最大化而偏离公司利益最大化的目标,从而出现代理成本问题。

从理论文献上看,公司控制权市场理论的主流观点出现于20世纪60年代,并从70年代末起渐次占据学术界的主导地位,在80年代最为盛行,成为最具影响力的财务理论学派之一③。1965年,曼尼(Henry G. Manne)较早地提出了公司控制权市场理论,认为在公司之外存在着一个买卖公司控制权的市场,如果股东无法直接控制管理层,尤其是在股权相当分散导致内部人控制的情况下,不能通过

---

① 所有权,本是民商法上极为明确的概念,但是,这里的所有权的含义不同于民商法上的含义,比较模糊。其真正的含义,可以指投资人出资物的所有权的对价,即股权。但是,股权不能像"所有权"那样表达出股东与公司之间的似断似连的控制关系。所以,这里所有的"股东对公司的所有权",并不意味着股东对公司享有民商法意义上的所有权。参见梁上上:《论股东表决权》,法律出版社2005年版,第18页脚注。

② 潘秀菊:《公司法》(2002年修订版),元照出版公司2002年版,第247页。

③ 沈艺峰:《公司控制权市场理论的现代演化——美国三十五个州反收购立法的理论意义》,载《中国经济问题》2000年第2期。

"用手投票"的方式进行治理,则可以通过"用脚投票"更换公司的控制权,从而更换不合格的经营者①。

从20世纪70年代后期起,奥利弗·哈特(Oliver Hart)、格罗斯曼(Grossman Sanford)、柯林·梅耶(Myer)、法玛(Fama Eugene)和詹森(Michael Jensen)等人成为了公司控制权市场理论的代表人物,他们分别从不同的视角对公司控制权理论展开了研究。例如,在对公司控制权概念的界定方面,哈特和格罗斯曼从产权理论的不完全契约理论②出发,提出了剩余控制权的概念,他们认为,契约可以规定所有企业成员都是剩余索取者(即剩余分配者),但不可能规定所有企业成员都是固定收入索取者。因为进入企业的契约是不完备的,未来是不确定的,要使所有企业成员都得到固定的合同收入是不可能的,当实际状况出现时,必须有人决定如何填补契约中存在的"漏洞"(包括解除对某些参与人的合同),也即剩余控制权③。在他们看来,剩余控制权是控制权的关键内容,谁拥有公司剩余控制权,谁就拥有了公司所有权,剩余控制权是公司所有权的核心。

而以布莱尔(Margaret M. Blair)为主要提倡人的相关利益者理论则认为,公司董事必须成为真正的受托人,他们不仅要代表股东的利益,而且要代表其他利益主体如员工、消费者、社区的整体利益。该理论强调企业的所有权和控制权应由出资者、债权人、职工、供应商、用户等利益相关者共同分享,并由此将公司目标理解为公司价值

---

① 李洪星、房茂涛:《完善控制权市场机制 促进国企改革》,载《商场现代化》2005年第19期。

② 不完全契约理论主要指契约不可能包罗无遗,即哈特所说的"契约中包含缺口和遗漏条款"。一方面,契约不可能将未来可能发生的事件包罗无遗,另一方面,契约不可能详细规定各契约人的权利与应尽的责任,往往只能作出粗略的或者模棱两可的规定,或者契约双方的疏忽致使契约条款不完全。参见郭金林:《企业产权契约与公司治理结构》,经济管理出版社2002年版,第61、第62页。

③ 魏开锋:《公司控制权市场与相关重大制度》,中共中央党校2003年博士论文。

最大化①。

在关于公司控制权的一些具体问题上,上述经济学家也进行了深入的理论研讨和实证分析。例如,在代理投票权竞争、要约收购、兼并等多种争夺公司控制权机制上,包括曼尼(Manne)、詹森(Jensen)等在内的经济学家们倾向于认为,代理投票权机制不能起到应有的作用,外来者对公司的收购非但不会损害公司股东的利益,实际上还会给收购双方股东带来巨大的财富,只有收购才是其中最为有效的控制机制②。而在股东争夺公司控制权过程中,哈特和格罗斯曼则认为同样存在"搭便车"现象,尤其是在股权分散的大公司,众多小股东都会对此持一种理性冷漠的态度。

虽然包括阿尔钦(Alchian)、德姆塞茨(Demsetz)、曼尼(Manne)、哈特(Hart)等人在内的公司控制权市场的主流经济学家们对于控制权研究的视角各有不同,但在根本性问题上是一致的,即他们都认为利润最大化是企业最重要的目标,因而企业的最终控制权应该由最具有追逐利润动机的人拥有。新制度经济学派的这些观点无论是构建某种理论模型,还是从实证主义角度解析公司治理结构的生成和运作机制,都对公司控制权掌控的有效改善和发展、对控制权市场的合理运行产生了积极的巨大的推进作用③。

与此同时,以波斯纳为代表的法律经济学派对于公司控制权问题也提出了深刻的见解。在股东与管理者争夺控制权过程中,波斯纳倾向于保护股东的利益。但是,在如何保护股东的利益方面,波斯纳也从所有权和管理权相分离的命题出发,指出"在股东利益中占必

---

① 胡天存:《公司所有权与控制权的理论与实证研究》,暨南大学2004年博士论文。
② 沈艺峰:《公司控制权市场理论的现代演化——美国三十五个州反收购立法的理论意义》,载《中国经济问题》2000年第2期。
③ 甘培忠:《公司控制权正当行使的制度经纬》,载沈四宝、丁丁主编:《公司法与证券法论丛》第2卷,对外经济贸易大学出版社2006年版。

要地位的不是参与股东是否民主,而是需要一种能阻止经理人员将过多的企业净收入从股东转向他们自己的机制"[①]。

西方经济学家与法学家对公司控制权理论的研究,也对各国立法产生了很大影响。从各国立法实践来看,大多数国家都对公司控制权的相关问题进行了规定。例如,美国证交会(SEC)认为,控制意味着某人有权左右公司的管理或决策,这种权力可能来自所有权、合同或其他方式。美国1933年《证券法》和1934年《证券交易法》也对此持相同态度,《证券法》第15章和《交易法》20(a)对"控制"和"控制人"等概念进行了界定,认为"控制"一词指的是直接或间接具有指挥或引导某人的管理和政策方向的权力,而不论是通过具有表决权的证券所有权、合同或其他方式。两部法律还将控制区分为有授权基础的有权控制(Based On Authority To Control)和权力来源于其他渠道的实际控制(Based On Actual Control)。另外,两部法律对于控制人实施违法违规行为后应当承担的责任以及控制人的抗辩理由等内容都作出了相应规定。

意大利通过《公司法》《反垄断法》《银行法》《审慎条例》《收购法》以及欧盟83/349号指令实施条例、欧盟89/627号指令实施条例等七部法律条例,对公司控制权的构成要素分别进行了列举式规定。依照其规定,不管是通过何种途径或方式,只要对另一公司形成支配性影响力或者决定性影响力,均可构成控制关系。

欧盟于1988年12月12日公布的《透明度指令》(88/627/EEC)中规定,凡是具有以下八种情况之一,可能增加附加表决权,从而形成事实上的控制关系:①投票代理人自身就是候选人;②拥有股份的组织被投票代理人控制,比如企业集团内部的企业;③由于书面表决协议产生的表决权;④表决权暂时转让给投票代理人或企业集团;

[①] 波斯纳:《法律的经济分析》(下),中国大百科全书出版社1997年版,第536页。

⑤因为抵押关系而持有股份,从而行使表决权;⑥个人或组织所持有的对其具有人身利益的股份所享有的表决权;⑦允许投票代理人获得表决权的正式协议;⑨投票代理人因股份保管关系获得表决权①。

我国香港地区《公司收购及合并守则》在"定义"部分对控制权作出了明确界定,规定"除文意另有所指,控制权须当作持有或合共持有公司 35% 或以上的投票权,不论该(等)持有量是否构成实际控制权"。我国台湾地区《公司法》第 369-2 条规定,"公司持有他公司有表决权之股份或出资额,超过他公司已发行有表决权之股份总数或资本总额半数者为控制公司,其他公司为从属公司"。

第二节 代理权征集制度的运作机理

代理权征集制度(Proxy Solicitation)是指在公司治理结构中,征集者为了在公司股东大会上取得投票表决权的优势,使股东大会通过对其有利的方案,甚至达到对公司控制的目的,而以公开的方式请求股东委托征集者或其指定的第三人出席股东大会并代为投票的制度。代理权征集制度,学理上又称委托书征集、委托书劝诱、委托书征求等,但我国大陆立法尚未见有明确的概念界定,本书统称其为代理权征集制度。代理权征集在商法中的外延较广,分类方法较多,如按照被征集者的授权方式,可以分为概括授权征集和特别授权征集;按照是否豁免披露或者备案,可以分为公开征集和私募征集;按照被征集者的身份,可以分为董事投票表决权征集和股东投票表决权征集等。

代理权征集是一种取得股东投票代理权的方式。在代理权征集中,征集者向股东发出空白投票代理权委托书,劝说股东授予其代理

---

① 朱羿锟:《公司控制权配置论——制度与效率分析》,经济管理出版社 2001 年版,第 28 页。

股东投票代理权征集制度的法律分析

权,当股东以授予代理权的意思填写并送还委托书时,以代理行使表决权为目的的委任契约即告成立。在此,可以将征集者依法发送委托书并劝诱股东让其代理行使投票表决权,视为该委任契约的要约;将股东填写送还委托书视为承诺,由于股东送还委托书而委任契约成立,代理权征集活动完成。这样,征集者开始享有代理人的权利,并承担作为受任人的义务[①]。在征集过程中,委托书即代理权证书,其来源于英文中的"Proxy",指股东根据公司章程的有关规定,委托他人在股东大会上代表其行使投票表决权的全权委托证书。Proxy一词在英美公司法上至少有四种含义:①指股东对代理人的授权(Authority);②表示上述授权的书面文件(The Instrument Evidencing Such Authority);③指享有上述授权的代理人;④指代理人行使这种授权的代理行为。在证券法上,Proxy的含义主要有两种:一是指投票代理人,二是指公司现任管理层、特定股东以及其他人主动发起的代理投票委托劝诱行为。如美国《证券交易法》第14条所指的Proxy Rule就是专门针对这种行为的规制[②]。征集(Solicitation)又称索取、劝诱或征求,其行为包括:①以任何形式要求授权委托书;②要求其他股东不要签发授权委托书;③要求撤销授权委托书[③]。这是征集行为的基本内涵,其具体方式因各国立法以及国情不同而有所差异,但一般包括公告、广告、广播、电视、信函、拜访等方式。

代理权征集制度的产生是历史发展的产物,早期普通法上的代理权制度囿于民法范畴,在公司法实践中并未得到认可[④]。在公司法发展初期,尤其是早期英美普通法上,股东必须亲自出席股东会,

---

① 梁上上:《论股东表决权——以公司控制权争夺为中心展开》,法律出版社2005年版,第193页。
② 张开平:《英美公司董事法律制度研究》,法律出版社1998年版,第64页。
③ 朱伟一:《美国公司法判例解析》,中国法制出版社2000年版,第262页。
④ Louis Loss & Joel Seligman, *Fundamentals of Securities Regulation*, 4th ed., Aspen Law & Business, 2001, p. 488.

股东会议之投票需按"举手投票、一人一票"规则进行。然而,到了现代社会,由于股份公司特别是上市公司的股份高度分散,加之公司所有权与控制权逐步分离,公司资合性、运营专业化、决策高效性均要求公司的经营决策中心逐渐由股东大会向董事会转移(但股东大会仍为公司的最高决策机构),董事会作为公司的实际运营者,一方面,基于董事会成员所背负的公司法上的义务和股东大会的委任,承担着促使公司持续、良性发展经营的重大责任,这要求董事会需能支配、调动公司章程和股东大会所赋予的各种公司资源和生产要素,促使公司利益最大化,进而增进股东和董事自身的利益,公司董事会中心主义的强化必然意味着股东会中心主义的相对弱化;另一方面,现代公司尤其是上市公司股东结构中,中小股东在公司治理结构中往往只有两种选择:一是对管理层提名的候选人或决策事项投赞成票;二是由于个体的反对票效用不大,故而干脆不行使投票权,加之上市公司中的小股东几乎是基于投资目的而购买公司股票,"理性冷漠"和"搭便车"现象更为普遍,结果往往是不行使投票权,而对于积极行使监督权的股东尤其是大股东而言,其在行使股东监督权过程中所耗费的各种成本也极易为中小股东不劳而获,在一定程度上形成了股东大会中大股东与中小股东的利益冲突。在股东会与董事会的平衡再造与股东会中大股东和中小股东的利益平衡过程中,随着理论和实践的发展,表决权征集制度的出现为上述问题的协调提供了一条制度进路。股东大会中委托他人行使投票代理权成为很普遍的现象,以致造成股东会的形态由最初的股东亲自出席、讨论议案的形式转化为委托他人代理出席、代为投票再到代理权征集的过程,甚至于决定董事选任和其他议案能否通过的关键,也转移到代理权征集上来。进而,代理权征集制度日渐成为现代社会中公司代理权争夺战(Proxy Contest)的一种常用手段。代理权争夺战是指某些对公司现有管理层的经营决策或董事提名持有异议的股东,为了取得其他中

| 股东投票代理权征集制度的法律分析

小股东的投票代理权而在召开股东大会之前所进行的各种游说、拉选票活动，是挑战者（往往为具备一定影响力的股东）与管理者（常为原控制股东代表）矛盾激化的结果。一般来说，由于中小股东持有的股份较少，因此，这些中小股东常常将其拥有的投票权委托给他人代为行使；而另一方面，有些股东对公司现有管理层的经营决策或董事提名持有异议，为获得其他中小股东的投票支持，他们常常在召开股东大会之前向其他中小股东游说。当然，公司现有经营管理层为了维护其自身的利益也会向其他中小股东进行游说。这样，持异议的股东与公司现有经营管理层之间便会在股东大会之前进行一场"拉票战"，即代理权争夺战，而代理权征集则成为连接中小股东投票权与公司经营管理之间的一条纽带。在代理权征集中，征集人通过向中小股东发出要求其授予代理权的征集要约，一经股东承诺，便在双方之间形成一种授予代理权的契约关系，在此基础上，如果征集人能够征集到足够数量的代理权，则其可以依照资本多数决的原则，在股东大会上通过集中行使所征集的投票权，以使自己的意志贯彻到公司中去。另一方面，作为被征集投票权的对象，股东实际上是在各个竞争控制权的派别之间不断进行比较选择，将自己的投票权授予最能维护自己利益与公司利益的征集者，以维护其在该公司中的长久权益。

代理权征集制度脱胎于股东投票表决权代理制度，但又不同于后者。如果股东投票表决权代理制度是股东参与的意思与能力的扩张，代理权征集则是股东意思扩张的延伸，是规模化、集团化反映股东尤其是中小股东意志的一种载体。与一般的投票表决权代理制度相比，代理权征集制度具有一些更为复杂的法律特征，表现如下。

一、代理权征集的客体是代理权，代理的内容是股东的投票表决行为

在一般的投票权代理行为当中，股东因为一系列主客观原因无

法出席股东大会而委托他人代为行使投票权时,股东处于主动授予代理权的地位,是被代理人,受托人处于被动接受股东投票权的地位,是代理人,此时的代理行为完全是为了弥补股东个人的意志或者扩张意思自治而采取的一种手段。但是,在代理权征集过程中,股东往往处于被动的地位,其对征集人要求授予投票代理权的委托书进行审查,认为符合自己的利益则授予代理权,征集人以公告、广告、广播、电视、信函、拜访等方式要求获得委托书的行为具有极大的主动性,并且,此时的投票代理权不仅仅作为股东个人意思自治的工具存在,更多地是蕴含了征集人的意思,并且因征集人集团化地行使众多投票权而放大作用,可以成为影响公司决议甚至控制公司的有力武器。其次,代理权征集中,征集人所征集并代为行使的是股东的一种权利,这与一般民事代理行为代理的是财产处分或交易行为而不同,并且,在普通的民事代理行为以及股东投票权代理中,代理人的代理行为完全是为被代理人的利益而进行。在代理权征集中,代理人的代理投票行为除了具有代股东行使投票表决权的作用之外,更多地被赋予了为征集人争夺公司控制权的目的。

二、代理权征集是一种双方的合意行为

正如前文所述,在代理权征集中,征集人向股东发出委托书劝说股东授予其代理权,当股东以授予代理权的意思送还委托书时,以表决权的代理行使为目的的委任契约即告成立。在此,可以将征集人依法发送委托书并劝诱股东让其代理行使投票表决权,视为该委任契约的要约;将股东填写并送还委托书视为承诺,征集人的征集行为与股东的授权行为是代理权征集制度的核心,因此,其法律关系的构造也较一般的投票代理行为复杂。在一般的投票权代理中,股东授予代理人代理权是一种单方行为,此种行为无需代理人意思的过多介入,其实质是民法中的代理理论在公司法领域的一种体现。另外,

代理权征集机制的一个重要特征在于,代理权委托书是由征集者制作而由授权人(股东)签署,这与一般的投票权代理中股东主动制作并授予代理权证书存在明显区别。

三、代理权征集意味着股东投票权与股权在一定程度上的分离

从公司法理论来看,股东的投票权是股东参与公司管理、决策、经营与控制方面的权利,属于股东的共益权,而股东权行使的依据是股票。股票在性质上属于证权证券,即股东权行使的载体是股票,投票权的转移也必须随着股权和股票的转移而转移。相对于仅涉及股东自身利益的自益权而言,对于涉及股东和公司共同利益的事项应专属于股东所有,因此,投票权与股票的所有权应紧密结合,不能作为一项独立的权利单独转让,即便在一般的投票权代理中,代理人仍然是以被代理人的名义行使代理权。而代理权征集的行为在一定程度上导致了股票所有权与投票权的分离,使得股东行使投票权的原因并不仅仅基于自身利益的考量,更多地考虑了征集人在委托书中提出的要约内容,换言之,股东对于自己手中的投票权如何行使较多考虑了征集人方面的因素。

第三节 代理权征集制度的功能定位

代理权征集制度的设置,为在股权多元化、分散化的公司治理结构体系中的中小股东通过征集空白委托书的方式影响甚至控制公司的核心控制权提供了一条路径,可以说,代理权征集制度的核心功能即在于争夺公司控制权。

通过分析我们知道,想要赋予控制权一个完全准确的概念是不可能的,公司控制权理论的提出与发展历程便可对此印证。一般而

言,控制权是指对公司所有可供支配和利用的资源的控制和管理的权力[①]。享有公司控制权的主体既可以是股东,也可以是董事会,甚至可以是经理层。一般而言,能够掌握公司控制权的股东为控股股东,控股股东通过行使股权的一系列权利,从而达到对公司经营权、人事权等权力控制的目的,这一方面可以体现在同一公司内部大股东对公司的控制,另一方面也可以是母子公司之间的控制;同时,现代社会的公司股权往往高度分散,在理性冷漠的态度与"搭便车"思想的影响下,众多股东关注的只是公司股票是否升值,而对于公司的经营管理、人事等事务则并不完全关注,这也使得具有专业知识的管理层掌握控制权成为可能。

公司控制权作为一个已经被广泛使用的概念,其内涵具有多样性。就其权能而言,公司控制权主要包括公司事务决策权、公司经营权、财务权、人事权、监督权、参与权等。公司控制权具有如下特征:第一,控制权具有唯一性,即在一个公司内部,最终只能存在一个控制权,要么是股东对董事会等管理层享有控制权,要么是董事会享有超脱于股东控制范围的控制权,而不像股权一样,每位股东均能享有;第二,控制权能够带来一定的收益,控制权最重要的功能在于控制权享有者可以以少量成本合法调动公司其他资源,从而达到个人资本对公司资本的支配。控制权享有者可以在法律和公司章程规定范围内将自己的意志贯穿到公司发展的总体战略与各项经营政策中,从而在自我价值最大化的同时获得更多的资源配置;第三,控制权具有可移转性,即控制权可以成为被争夺的对象,当控制权享有者并未有效运用公司控制权时,来自公司内部和外部的各种力量便有可能通过各种方式对控制权发起进攻,从而使得公司控制权的争夺成为常态。通过以上分析,我们可以发现,公司控制权不是权利而是

---

① 殷召良:《公司控制权法律问题研究》,法律出版社2001年版,第25页。

权力,是一种可以对公司所有资源充分调配和掌握的权力,当然,这种权力也必然会受到公司内外部各种机制的制约。

一、控制权、所有权、控股权、表决权

公司控制权与所有权、控股权、表决权等概念既有紧密联系,又大有区别,下面进行简要分析。

(一)控制权与所有权

公司控制权与所有权息息相关,从公司制度的历史演进过程也可以发现,控制权是从所有权中分离出来的。在古典企业形态下,由于企业规模较小,出资人既是企业资本的所有者也是企业的管理者,在这种情况下,控制权虽然尚未与企业所有权分离,但实际上已经存在。随着经济发展到工业化时期,资本的集中与风险的分散推动了公司制度的出现,而公司规模的不断扩大和股东股权的愈加分散,使得股东对公司直接施加的影响越来越小,公司控制权开始从股东手中向职业经理人手中转移。在现代社会中,包括董事选举权、经营管理权、决定公司合并、分立解散以及修改章程等重大事项的权力在内的控制权,依照法律规定应当属于股东大会所有,但是由于股东大会并非常设机关,而公司日常经营管理必须由董事会来具体运作,这也就使得公司控制权能够脱离所有权而独立存在,从而成为股东会、董事会等相关主体争夺的对象。在此种意义上,资本的所有权与经营权发生了分离。需要注意的是,经济学中的"所有权"概念与法学中的"所有权"概念的内涵并不一致,前者实际上指的是股东的股权,所谓"所有权与控制权的分离"实际上指的是股东股权与公司控制权的分离。

(二)控制权与控股权

控制权与控股权是两个紧密联系但又不同的概念。控股权是由股权衍生而来的,根据股东所持股份在公司股本总额中所占比例划

分，可以形成参股、持股、控股等多种态势，而控股则是股东所持公司股份达到一定比例，足以支配或者控制公司经营的状态。控股又可分为绝对控股和相对控股。

控制权概念的内涵要广于控股权，控股权是控制权实现的方式之一。两者在主体、实现机制、目标等方面有所区别：在主体方面，控股权的主体一般是指公司的大股东，而控制权的主体不仅限于股东，在股权结构较为分散的公司中，掌握公司控制权的主体可能是董事会甚至于经理层；在实现机制方面，获得公司控股权的方式无非是通过各种渠道争夺股份，以实现绝对控股或者相对控股的目标，而争夺公司控制权的方式则多种多样，除了通过获得控股权以控制管理层之外，当事人可以通过董事兼任、合同安排、签订技术协议或者通过法律制度的安排等方式争夺公司控制权，例如在母子公司形态下，母公司既可以通过掌握子公司一定数量的股权，也可以通过签订控制协议等方式达到对子公司经营管理决策的实际控制，又如在公司破产程序中，清算组对公司的接管则是基于法律制度的安排；在目标方面，掌握控股权的目的既可以是进一步地掌握管理层，从而夺取控制权，也可以仅仅停留在控股的层面上，而不再进一步争夺公司控制权，例如中外合资企业中，中方虽然往往保持控股，但为了引进外资和先进技术，对于一部分控制权往往让渡给外商方，而控制权的目标则是达到对公司所有可供支配和利用资源的控制以及管理，这种资源包括财务、人事、经营等方面的权力。从这一意义上讲，控制权的内涵要远远广于控股权，掌握了控股权不等于拥有控制权，而争夺控制权的途径也不只掌握控股权一条，换言之，即便未掌握控股权，也可以拥有控制权。

（三）控制权与表决权

表决权是指股东基于其股东地位而享有的就股东大会的议案作出一定意思表示的权利，这是股东固有的重要权利之一，是股东参与公司决策、监督管理人员的一种重要手段,更是股东对公司经营管理直接施加影响的重要途径。

股东表决权对于公司控制权具有非常重要的意义。一方面,在公司治理结构中,股东大会是公司的最高权力机关,享有决定公司的经营方针和投资计划、选举和更换董事和监事、对公司增减注册资本以及公司合并、分立、变更公司形式等重大问题作出决议、修改公司章程等方面的职权,尽管在现代社会中,公众公司股权结构较为分散,力量看似微弱,而董事会地位日益提高,且往往实际上掌握着公司控制权,但是股东依然可以通过行使表决权,从法律层面上对管理层控制权进行制约;另一方面,基于一票一权原则和资本多数决原则,表决权成为争夺公司控制权的重要工具,例如,表决权代理是代理人基于代理关系而行使股东的表决权,它的基本功能在于保障股权的行使,这种功能对于不想放弃对公司事务的话语权的股东具有重要的意义。它扩张了这些股东对公司事务的参与权,增强了对公司的控制力,使股东不必亲自出席也能达到参与公司并控制公司的目的[①]。

二、公司控制权的争夺机制

公司控制权作为一种稀缺资源,其重要特征之一在于控制权获得者可以以少量成本支配公司其他资源,并且通过控制权享有大量收益,这种收益的表现形式多种多样,甚至往往无法用货币直接衡量,另外,这种收益或许正当,但也可能不正当乃至违法。正是因为这一原因,公司控制权便成为股东、管理层等公司内部主体和母公司、收购方等公司外部力量争夺的对象,而控制权的转移也往往使控制权获得者可以以少量成本获得对目标公司的控制,达到接管企业或者更换管理层的目的。在此基础上形成的公司控制权市场,可以

---

① 梁上上:《论股东表决权——以公司控制权争夺为中心展开》,法律出版社2005年版,第167页。

对控制权享有者形成一种外部威胁,促使其为避免失去控制权而兢兢业业履行职责,由此达到优化公司治理结构的目的。在资本市场上,上市公司控制权的争夺对于提高上市公司质量,完善资本市场也具有重大意义。

基于以上动机,公司控制权的争夺便不可避免。对于公司控制权争夺的方式,不同的学者有不同的观点,曼尼在其1965年的经典论文中认为主要有代理权竞争、直接购买股票和兼并三种方式。詹森则认为三种方式分别为兼并、要约收购和代理权竞争①。一般而言,控制权的争夺往往通过两种途径来实现:一是通过争夺股权,实现对公司的控股,从而接管甚至更换管理层,达到对公司的控制,这往往包括收购、兼并、一致行动人、债转股等手段;二是通过其他非控股方式控制公司管理层,往往包括代理权征集、法律手段、合同安排以及其他程序性策略等手段。本书认为,争夺公司控制权的最基本机制包括代理权征集、要约收购、兼并、股权托管、法律或合同的安排。

(一)代理权征集

代理权征集又称代理权争夺、投票权征集、委托书劝诱等,是指公司及公司外的人将记载必要事项的空白授权委托书交付于公司股东,劝说股东选任自己或者第三人代理行使表决权的商事行为。代理权征集的实质是通过争夺足够多的股东的委托表决权,在股东大会上获得优势地位,从而依照资本多数决原则控制公司董事会。

现代社会中,公众公司的股东人数往往众多,股权结构极为分散,大量存在的中小股东关心的只是公司股票是否升值,而对于与此无关的其他事务则保持一种理性冷漠的态度,在此情况下,基于一票一权的股东会表决机制和股份平等原则,为了达到对公司控制权的

---

① 朱筠笙:《公司控制权转让的效率分析》,中国社会科学院2002年博士论文。

股东投票代理权征集制度的法律分析

掌握,控制权争夺者开展代理权征集活动便成为可能,尽管这不是其唯一的目的。当然,从这一角度而言,代理权征集行为除了有利于争夺公司控制权以外,也能够最广泛地反映股东的意思,并有利于维持股东大会的最低出席人数。

但是,代理权征集也有其负面作用,如果代理权征集过分盛行,使得代理权成为一种商品来买卖时,将会对公司治理产生巨大的负面影响,也会最终损害股东利益。因此,法律往往对代理权征集行为在征集人资格、征集时间、征集对象、征集方式和程序、禁止有偿征集、征集人义务等方面作出较为严格的限制。征集人通过报刊、电视、广告、网络甚至拜会等各种方式向股东发出征集投票表决权的请求之后,需要对征集内容的真实性、完整性、客观性负责,不得利用征集行为从事内幕交易、操纵市场等行为,并须严格履行信息披露义务。征集人接受委托后,在代理行使表决权时有过失或越权行为,违反委托协议导致股东遭受损害的,股东有权提出损害赔偿请求。

我国最早规定了代理权征集制度的法律文件是国务院于1993年4月22日发布且现行有效的《股票发行与交易管理暂行条例》,其中第65条规定:"股票持有人可以授权他人代理行使其同意权或者投票权。但是,任何人在征集二十五人以上的同意权或者投票权时,应当遵守证监会有关信息披露和作出报告的规定。"《公司法》第106条规定:"股东可以委托代理人出席股东大会会议,代理人应当向公司提交股东授权委托书,并在授权范围内行使表决权。"这条规定重点在于确认委托代理投票在股东大会的运作,而对于如何行使委托代理权则语焉不详,对于是否可以征集投票代理权更没有明确的表态。但至少《公司法》不禁止征集委托代理权[①]。

---

① 殷召良:《公司控制权法律问题研究》,法律出版社2001年版,第175页。

证监会于2002年发布且现行有效的《上市公司治理准则》对于代理权征集人资格、征集方式、信息披露等内容作了简要规定,其中第10条规定:"上市公司董事会、独立董事和符合有关条件的股东可向上市公司股东征集其在股东大会上的投票权。投票权征集应采取无偿的方式进行,并应向被征集人充分披露信息。"该条规定明确禁止了有偿征集。

(二)要约收购

要约收购(Acquisition)又称上市公司公开收购,是指投资者通过向目标公司股东公开发出要约的方式购买其持有的股份,从而达到对目标公司控制或者兼并的行为。要约收购中的收购人购买目标公司股份,其目的不是为了简单地赚取利润,而是为了通过控股获得被收购公司的控制权。要约收购往往牵涉到大规模的资本运作,涉及众多的利害关系人,因而是《证券法》关注的重要内容。而与协议收购相比,要约收购凸显了其公开透明的性质,并对目标公司股东给予平等的待遇,因此也是成熟资本市场的重要标志之一。

20世纪以来,随着欧美国家资本市场和证券市场的发展,公司收购案例从少到多,规模越来越大,形式也趋于多样化。随着世界经济全球化的发展,公司收购已经成为当今世界资本流动的一种重要形式,对于优化产业结构、壮大企业规模、提高市场占有率具有重大的作用。而要约收购则已经成为公司并购的最重要形式,并且对于上市公司控制权的争夺形成了强大的外部压力。在公司收购、代理权征集、兼并等对公司控制权争夺机制当中,公司收购被认为是现代社会中对公司控制权最有威胁的外部竞争机制。有学者曾经对西方控制权市场主流理论加以研究后发现,在由公司各种内外部控制机制构成的控制权市场上,包括代理投票权在内的机制都不能起到应有的作用,只有收购才是最为有效的控制机制,而且外来者对公司的收购非但不会损害公司股东的利益,实际上还会给收购双方带来巨大的财富①。

我国《证券法(2014年修订)》(以下简称"《证券法》")第四章专门规定了上市公司的收购,对于上市公司的收购采取鼓励的态度。《证券法》第85条规定:"投资者可以采取要约收购、协议收购及其他合法方式收购上市公司",并于其他条文系统规定了上市公司收购的原则、条件、程序、后果等内容。与原《证券法》相比,现行的《证券法》完善了要约收购、协议收购及其他合法方式收购上市公司的条件,进一步明确了对上市公司收购的监管主体和要求,这对于完善上市公司收购制度,保持在以收购方式转移公司控制权中的市场稳定具有重要的意义。

(三)兼并

兼并是一个被广泛使用的概念。最笼统地说,兼并(Merger)就是指任何一项由两个或更多个实体形成一个经济单位的交易②。根据《不列颠百科全书》的解释,企业兼并是指两家或更多家企业、公司合并组成一家企业,通常由一家占优势的公司吸收一家或更多家公司。广义上的兼并包括三种形式:①公司合并;②一公司购买另一公司的财产;③一个公司通过购买另一个公司的一定数量的股份来控制该公司。狭义上的兼并即《公司法》上的吸收合并。

一般而言,公司兼并和收购统称为公司并购(Merger and Acquisition),但公司收购与兼并也存在一定的区别,例如,收购的主体是收购人和目标公司股东,而兼并则发生在收购人和目标公司之间;兼并行为的发生基于收购人和目标公司的合意,而收购行为常常会导致目标公司管理层的阻挠;收购的后果主要是公司控制权的转移,而

---

① 沈艺峰:《公司控制权市场理论的现代演化——美国三十五个州反收购立法的理论意义》,载《中国经济问题》2000年第2期。

② [美]威斯通、[韩]郑光、[美]侯格:《兼并、重组与公司控制》,经济科学出版社2003年版,第4页。

兼并则导致目标公司主体资格的消灭等。

以资产重组、公司接管为主要内容的兼并，对于公司控制权的争夺也发挥着较大的作用。兼并侧重于对企业资产的接管与收购，被兼并方丧失的当然不仅仅是企业的产权，其对企业的控制权也被吸收到新合并的企业之中。由此可见，兼并在对社会资源重新进行优化配置的过程中，也扩大了高效率管理者对社会资源的控制力。

（四）股权托管

股权托管是依据代理或信托法律制度而开展的一种针对公司控制权的并购方式。一般而言，公司股东可以在一定条件下和一定期限内，将自己所有的股权以契约的方式委托给其他法人或自然人，由这一法人或自然人代其行使对目标公司的表决权。当股权委托人是公司的控股股东时，公司的股权托管就转变为公司的控制权托管，并使受托人可以介入公司的管理和运作，从而实现了整个公司的托管。"股权托管"或"公司托管"可以使受托者避开申请批准、股权转让、变更登记等繁琐的程序而直接控制目标公司，如果运用得当将是一项有效的间接并购方式。

然而，在我国的实践操作中，却存在着上市公司控股股东通过与收购人签订协议或者其他方式借"股权托管"或"公司托管"之名将所持股份的表决权先行转移给收购人，导致收购人在未成为上市公司股东之前，已经通过控制相关股份表决权而实际控制了上市公司。在这种情况下，由于控股股东不依法履行控股股东的职责，而收购人虽然实际控制了上市公司，但却不承担控股股东的责任，致使上市公司的经营管理处于不确定的状态，为收购人恶意侵害上市公司以及其他股东的权益提供了条件和便利。

（五）法律的授权或合同的安排

除了上述几种主要方式外，争夺公司控制权的途径还包括法律的授权或者合同的安排。在特定情况下，基于保护社会公共利益或者某些特殊主体利益的考虑,法律往往赋予某些主体对公司的控制权。例如,我国《商业银行法(2015年修正)》第64条规定:"商业银行已经或者可能发生信用危机,严重影响存款人的利益时,国务院银行业监督管理机构可以对该银行实行接管。"《企业破产法》规定人民法院裁定受理破产申请的,应当同时指定管理人。管理人依照本法规定执行职务,向人民法院报告工作,并接受债权人会议和债权人委员会的监督。根据《企业破产法》第25条之规定,管理人履行的职责包括:①接管债务人的财产、印章和账簿、文书等资料;②调查债务人财产状况,制作财产状况报告;③决定债务人的内部管理事务;④决定债务人的日常开支和其他必要开支;⑤在第一次债权人会议召开之前,决定继续或者停止债务人的营业;⑥管理和处分债务人的财产;⑦代表债务人参加诉讼、仲裁或者其他法律程序;⑧提议召开债权人会议;⑨人民法院认为管理人应当履行的其他职责。《劳动法(2009年修正)》第7条规定:"劳动者有权依法参加和组织工会。工会代表和维护劳动者的合法权益,依法独立自主地开展活动。"诸如此类事宜,当属法律赋予特定主体对公司的控制权。

所谓合同安排的控制是基于合同的安排而控制一个公司。控制者控制公司的合法依据是合同,这种合同成为控制合同,如租赁经营合同、承包经营合同、盈余转让或利益输送合同、委托经营合同、特许经营协议等均属于此类控制合同①。除了上述控制合同以外,母子公司之间通过合同达到控制的情况也大量存在。在实践中,母公司控制子公司的方式不仅仅是控股,通过签订控制协议达到对子公司控制的情况也不在少数。由于母子公司之间的控制关系牵涉的资金额度巨大,双方关系密切,一旦一方出现各种困难,很容易对另一方产生负面影响,因此,各国立法往往把母子公司之间控制的界定与风

---

① 殷召良:《公司控制权法律问题研究》,法律出版社2001年版,第23页。

险防范作为监管重点。例如,美国1940年《投资公司法》规定,一公司对他公司直接或间接持有25%以上股权的,推定为控制他公司,他公司为子公司。欧盟在《合并账户和报表指令》(83/349/EEC)中区分了纵向集团与横向集团,并且对以母子公司为代表的横向集团之间的控制关系的构成要件进行了详细的规定①。

公司控制权问题是资本市场上的热门话题,在一个成熟的证券市场中,当一个上市公司的股价因为经营不善而跌到一个很低的水平时,一些策略性投资者就可以介入,大量收购该公司的股票,或以收购兼并的形式,成为控股股东,并撤换管理层、更改经营方式、提高生产力及业绩②。但是,由于我国绝大多数上市公司是由传统计划经济体制下的国有大中型企业经过公司化改制而成的,为了保证国家对上市国有企业具有绝对的控股权,上市公司的股份被分割为国有股、法人股和社会公众股,处于绝对或相对控股地位的国有股和法人股不能在证券市场上流通,使得大股东对于上市公司具有不可动摇的控制权。这种过度集中并缺乏退出机制的情况,不仅增加了并购活动的成本和难度,而且也成为目前我国上市公司治理结构诸多缺陷的根源,直接制约了我国证券市场优化资源配置的基本功能,限制了上市公司控制权市场的存在与发展。

---

① 《合并账户和报表指令》(83/349/EEC)中规定:如果是纵向集团,凡是具有以下八种情形之一便构成控制关系:①母公司控制子公司股东或成员的多数表决权;②母公司是子公司的股东,且有权任免董事会多数成员;③母公司通过合约对子公司具有支配性影响力;④由于子公司章程的规定,母公司可以具有支配性影响力;⑤由于与其他股东之间的协议,母公司控制子公司多数股份;⑥母公司通过其他方式行使支配性影响力;⑦母公司与子公司管理一体化;⑧子公司持有自己股份或通过交叉持股方式持有自己股份,增强母子公司实际影响力。

② 肖耿:《股权分置的制度经济学分析》,载《南方周末》2006年3月9日。

第二章 代理权征集制度的法理基础

代理权征集是一种取得股东投票代理权的方式,作为公司法理论与实践发展的天然产物,代理权征集制度是公司所有权与经营权分离的必然结果。随着现代社会的发展,公司由闭锁走向开放,股份公司数量急剧增多、规模不断扩大、内部治理结构日趋复杂、股权结构日益分散,股份公司已日渐由股东会中心主义走向董事会中心主义,这一方面使得公司管理的专业化、效率化特征大为增强,另一方面也使股东对公司的掌控能力大为减弱,股东优先的地位受到严重挑战。在此情况下,法律如何在促进公司发展、追求公司治理效率的同时寻求股东利益的保护便显得尤为重要,而代理权征集制度的出现为中小股东有效行使投票表决权、加强对公司的参与提供了一条救济途径。表决权征集制度的运用,使得少数股东投票权的集体行使成为可能,从而使少数股东有可能通过征集足够数量的投票权,影响股东大会的决策,甚至掌握对股东大会的控制,进而进入乃至改组董事会,以对现任经营者形成外部压力与制衡,促进公司治理结构的优化,最终强化对股东尤其是中小股东权利的保护。在本部分,本文将重点论述代理权征集制度的法律特征、形成原因、法理基础、价值作用等内容,并就我国证券市场上代理权征集的实践作一简要回顾。

第二章 代理权征集制度的法理基础

第一节 代理权征集制度的法理基础

代理权征集制度是公司法理论与实践发展的天然产物,是公司所有权与经营权分离的必然结果。正如前文所述,代理权征集的本质在于通过各种方式从目标公司的股东手中获得代理投票权,并且通过集团性的行使投票权来争夺目标公司的控制权。代理权征集制度的这一工具性价值,是公司演进历史中的智慧结晶,也是法学理论不断发展的产物。

随着现代社会的发展,公司由闭锁走向开放,股份公司数量急剧增多、规模不断扩大、内部治理结构日趋复杂、股权结构日益分散,加之公司所有权与控制权两权分离理论的不断发展,使得公司已日渐由股东会中心主义走向董事会中心主义,这一方面使得公司管理的专业化、效率化特征大为增强,另一方面也使股东对公司的掌控能力大为减弱,股东优先的地位受到严重挑战。在此情况下,法律如何在促进公司发展、追求公司治理效率的同时寻求股东利益的保护便显得尤为重要。尽管公司法理论为股东权利的保护设计了一系列制度,如累计投票制、股东派生诉讼等制度,但在众多中小股东理性冷漠思想与"搭便车"观念的影响下,这些制度并不能从根本上完全维护中小股东的利益,让股东自愿行使其投票权。而股东投票代理权征集制度为那些考虑到决策成本、投票影响力大小、投票受益的效率问题的股东行使表决权提供了一条有效途径。

"如果说有限责任是公司法的最显著的特征,那么,公司投票制度则属其次"[①]。作为公司法中的一项重要制度,代理权征集存在着深厚的法理基础,可以从民法、公司法与证券法等多重角度进行

---

① Frank Easterbrook and Daniel Fischel, The Economic Structure of Corporate Law, Harvard University Press, 1991, p. 63.

分析。

一、民法理论基础

（一）代理制度

代理权征集起源于股东的投票表决权代理制度，是后者发展到一定阶段的产物，是一种特殊的投票权代理行为。股东的投票表决权是一种特殊的权利，其代理关系是民法中的代理理论在公司法领域的具体化。根据民法理论，委托代理是基于被代理人的授权而发生的代理，这种授权行为是一种单方法律行为，有被代理人意思表示就可以发生效力，并且被代理人可以随时撤回自己的委托。所以股东的授权行为，是一种单方法律行为，股东可以单方决定给予征集人授权，也可以单方面决定撤回其授权，无需取得征集人同意。在表决权代理中，本人应是持有表决权股份的股东，代理人是代为出席股东大会并行使表决权的人。代理权征集遵循表决权代理的理论基础与行为模式，也需要股东在委托代理人出席股东大会会议时，向代理人出具书面授权委托书，授权委托书上应当载明委托人和代理人的姓名、所参加股东大会的名称、参加表决的事项，并由代理人在股东大会上依照代理原则行使表决权，只不过股东授予征集人代理权的行为较多地受到征集人的影响，并且由征集人集团性地行使而发生规模效应。

我国《民法通则》第63条规定："公民、法人可以通过代理人实施民事法律行为。代理人在代理权限内，以被代理人的名义实施民事法律行为。被代理人对代理人的代理行为，承担民事责任。依照法律规定或者按照双方当事人的约定，应当由本人实施的民事法律行为，不得代理。"第十二届全国人民代表大会五次会议于2017年3月15日审议通过的《中华人民共和国民法总则》（以下简称"《民法总则》"）于第七章"代理"章节继受了《民法通则》的基本原则，第161条规定:"民事主体可以通过代理人实施民事法律行为";第162条规定:"代理人在代理权限内,以被代理人名义实施的民事法律行为,对被代理人发生效力。"

(二) 合同制度

在代理权征集中,征集人与股东之间存在一个合同关系,合同的主要内容如下:股东的主要义务是提供充分有效的表决权代理行使授权委托书以及其他真实资料和信息;代理人的义务包括勤勉谨慎地履行职责、为本人的利益履行代理行为、亲自代理、在授权范围内履行代理行为等。有关表决权代理行使的一般性规定适用于代理权征集。但是,代理权征集又有别于一般情况下的表决权代理行使。在一般情况下,股东委托代理人行使表决权是由股东向代理人提出要约,而在代理权征集中股东委托代理人行使其表决权是由征集者向股东提出要约,该征集者往往请求股东任命自己或本公司的职员为代理人[①],尽管在多数情况下这一契约是无偿的。在征集人与股东达成这一契约后,双方之间便存在了相应的权利义务关系,或者称之为是合同关系,任何一方违反了合同的约定,都要承担相应的违约责任。

但有异议的是,民法代理理论是否与合同法委托合同理论在适用方面存在冲突? 传统民法理论认为,委托和代理的区别在于:第一,委托规范的是委托人和受托人双方之间的关系;而代理规范的是本人、代理人和第三人的关系。第二,代理关系中代理人代理的对象是进行意思表示和接受意思表示的行为;而委托中受托人代为实施的行为可以是法律行为,也可以是事实行为。第三,代理包括对内和对外两种关系,对内是代理人和被代理人之间的关系,而对外是代理人和第三人之间的关系;而委托只是委托人和受托人之间的关系。

[①] 范黎红:《论上市公司委托书征集的法律规制》,厦门大学博士学位论文,2003。

至于委托合同和代理权授予行为之间的关系,在大陆法系国家,学说和立法一般采用分离说,即委托合同和代理权授予行为是各自独立的。且一般认为委托合同是原因行为,但是代理权授予行为独立于此原因行为,且具有无因性。而在英美法系国家,一般认为,委托合同和代理权授予行为是统一的,即有委托合同就有代理权授予行为。因此,笔者认为,在代理权征集中,一方面,委托代理权产生与委托合同无直接关系,另一方面,委托人与受托人之间的委托合同往往构成代理权产生的基础法律关系。这也是本部分所指的合同关系。

二、商法理论基础

(一) 股东投票表决权

正如前文所述,公司法是规范公司组织结构的组织法、行为法,是股东利益尤其是中小股东权益的保护法。基于公司法合同视角的分析,公司投票机制的设计被视为是对公司法的结构性规则和信义原则发挥一般性调整作用的重要且个性化的补充,投票权意味着有权对合同未予明确规定的事项作出决议,不管这种合同是通过公司章程予以明确规定,还是通过法律的一体供给来获得[①]。随着我国股份公司的兴起和股票市场的发展,我国的股东人数也越来越多,广大的股东队伍中既有公民个人,也有法人,还有国家。可以说,没有股东,就没有股份公司。因此,如何加强股东权利的保护也是公司法理论的一个重要课题。随着股份公司规模的不断扩大,股东人数呈分散化、多元化趋势,股东行使权利的方式也趋于多样化,产生了诸如投票代理权制度、代理权征集制度、表决权信托、股东投票协议等一系列股权行使的新方法,这一方面拓宽了股东尤其是中小股东行使权利的途径,另一方面也有利于提高股东参与公司治理的积极性,

---

[①] [美]罗伯塔·罗曼诺编著,罗培新译:《公司法基础(第二版)》,北京大学出版社2013年版,第349页。

因此具有重要意义。代理权征集制度的上位概念是投票代理权制度，后者的上位概念是股东权的行使与保护，可以说，代理权征集制度为股东权的保护与行使提供了一条较好的途径。因此，从这一角度出发，可以认为，对代理权征集制度进行深入分析是研究股东权的行使和保护的重要内容之一。

一般而言，股东权依其内容可以分为股份收益权（自益权）和参与公司管理权（共益权），前者主要包括股利分配请求权、股份转让权、新股购买优先权等，后者主要包括参与公司经营、管理、决策和控制等方面的权利，上述权利的真正实现最终有赖于股东的投票表决权与诉权，因此，股东的投票表决权便成为股东尤其是中小股东与公司密切联系的途径。但是，由于现代公司中内部人控制现象较为严重，股权结构过于分散，加之中小股东理性冷漠与"搭便车"思想的支配，使得许多股东舍弃经营管理权以及投票权而仅仅消极地关注自己的财产性权利。在这一背景下，代理权征集制度的出现为中小股东有效行使投票表决权提供了一条救济途径。代理权征集制度是股东投票表决权代理（Proxy Voting）的一种重要形式，投票表决权代理是享有投票权的股东不出席股东大会而授权他人进行代为行使投票权的行为，这种行为的本质是民法中本人与代理人之间的代理关系。这种代理可以分为两种类型：一种是积极代理，即本文所研究的代理权征集，一种为消极代理。消极代理中投票表决权受托人行使表决权是由股东向代理人提出要约，这与投票表决权的积极代理中，代理人行使表决权是由征集者向股东提出要约显然不同[①]。代理权征集制度的运用，为少数股东投票权的集体行使提供了一种可能性，从而使得少数股东有可能通过征集足够数量的投票权，掌握对股东大会的控制，进而进入甚至改组董事会，以对现任经营者形成外部压

[①] 赵旭东：《新公司法制度设计》，法律出版社 2006 版，第 101 页。

力与制衡,促进公司治理结构的优化,最终强化对股东尤其是中小股东权利的保护。

(二) 并购

资本流动遵循着利益最大化的永恒真理。在每一个城镇、每一个国家、甚至整个世界,我们都可以捕捉到资本追逐利润的身影。随着自由经济理念的不断成熟,经济全球化脚步的不断加快,并购已经成为当今世界经济发展的突出特征和巨大引擎。我国处于经济体制改革的攻坚阶段,正在轰轰烈烈地开展企业治理结构的优化和大调整。并购已经成为我国成功推进企业转制战略的主要法宝和利器。

对并购现象进行分析和探讨,首先需要解决的问题就是对并购范畴进行明确的界定,因为准确而全面地掌握并购的法律内涵是从事并购理论研究和实践操作的前提和基础。然而,虽然目前世界范围内涌动着并购的浪潮,各国理论界鼓噪着不同的并购原理,全球并购实践操作的案例与日俱增,但是迄今为止对于并购的法律概念仍没有形成一个统一的认识。虽然不同国家和地区、甚至相同国家和地区在不同的历史阶段对于并购的理解都存在着一定的差异,目前对于并购范畴的精确界定几乎是不可能的,但是在世界范围内对于并购概念的核心内涵还是具有了基本的共识。

一般而言,并购(Merger and Acquisition,简称"M & A")是指一家企业或若干家企业对其他企业的股东权益之特定归属权即企业产权进行重组的自主性商业活动,包括兼并(Merger)与收购(Acquisitions)两种主要形式。

所谓兼并是指两家或两家以上的独立企业合并组成一家企业,通常由一家占优势的公司吸收一家或更多家公司。兼并通常分为两类,即吸收兼并和创立兼并。所谓吸收兼并(Consolidation Merger)是指在两家或两家以上的公司合并中,其中一家公司因吸收了其他公司而成为存续公司的合并形式。在这类合并中,存续公司仍然保持原有的公司名称,而且有权获得其他被吸收公司的资产和债权,同时承担其债务,被吸收公司从此不复存在。所谓创立兼并(Statutory Merger)又称新设兼并或者联合,是指两个或两个以上的公司通过合并同时消失,并在新基础上形成一个新的公司,这个新公司叫新设公司。新设公司接管原来两个或两个以上公司的全部资产和业务,组成新的权力机构和执行机构。

收购则强调买方企业对卖方企业进行的"买卖"行为。按照其内容的不同,收购可以分为资产收购和股份收购两类。资产收购是指买方企业收购卖方企业的全部或部分资产,使之成为买方的一部分;股份收购是指买方企业直接或间接购买卖方的部分或全部股票的行为。相比之下,资产收购更类似于一种普通商品交易形式,只不过交易的标的为卖方企业的特定资产罢了;而股份收购则是所有权的买卖形式,买方将根据其持股比例承担卖方的权利和义务。

从法律形式上分析,兼并和收购的主要区别在于:兼并的最终结果是两个或两个以上的法人合并成为一个法人,而收购的最终结果不是改变法人的数量,而是改变被收购企业的产权归属或经营管理权的归属。如果一家企业通过购买资产或股份的方式将被购买的企业并入自己的企业从而使其法人地位消失,那么这种情况从严格意义上说应该属于兼并行为,因为这种收购的最终结果是原来的两个或两个以上的法人组合成为一个法人。

但是就国内市场而言,企业兼并和收购的经济意义是一致的,它们都使市场力量、市场份额和市场竞争结构发生变化,对经济发展产生效应,这是因为企业产权和经营管理权最终都控制在一个法人手中。正是在这个意义上,西方国家通常把 Mergers 和 Acquisitions 连在一起,统称 M & A,而在中国,我们也通常把企业兼并和企业收购统称为并购。

第二节 代理权征集制度的利弊分析

一、代理权征集制度的积极作用

（一）有利于最大限度地促进股东大会发挥作用

股东大会是股东表达意志、行使其管理公司权利的主要场所，是公司的最高权力机关。法律一般赋予股东大会较大的职权，股东大会有权选举和罢免董事、监事，有权修改公司章程，有权决定公司的经营方针和投资计划。董事会则是股东大会决议的执行者，需要受股东大会的制约并对其负责。然而，随着股份市场的发达和大量股份公司的崛起，公司的经营活动趋于高度复杂化和专业化，董事会中心主义逐渐取代了股东会中心主义，股东大会作为理论上的公司最高权力机关，对公司的控制正逐步减弱，并已日渐成为对董事会的制衡机关。在这一背景下，一方面，股份公司的股权结构日益分散，单个股东的影响力已经微不足道，中小股东也因缺乏应有的知识、精力、时间和财力而无法对公司的董事实施有效的监督；另一方面，董事会权利的过分强化致使公司的治理结构失去了平衡，产生了许多弊端。特别是近几年来，随着安然、世通等跨国公司"董事会欺诈"现象的出现，强调发挥股东大会监督和制约功能的立法取向正日渐受到各国政府和学术界的重新重视。而代理权征集制度的确立，则可以在一定程度上激发广大股东参与公司决策、管理的积极性，发挥股东大会的职能，从根本上维护股东的利益。此外，代理权征集制度的行使，有利于维持股东大会的定足数。基于资本多数决原则和股东大会合法性的考虑，各国公司法对出席股东大会的股东所持有的表决权数作了最低限定，如美国、日本、韩国和我国台湾地区都有规定：要使股东大会的召开有效，出席会议的股份必须达到定足数。然而，在股份公司中由于股东众多,召集不便,或者股东根本不愿意亲自出席股东会议,此时,股东大会很可能因为出席股东所持有的股份总额不足公司法规定的最低限定而流产。所以,允许其他人代理股东出席会议并行使表决权,有利于解决这一问题[①]。

(二) 有利于保护中小股东权益

在股份公司中,中小股东人数众多,股权分散,每股所占比例极小,在公司股东大会上很难真正发挥作用,因而股东尤其是中小股东的权利和利益得不到足够的保护和重视。代理权征集制度在一定程度上缓和了这种局面,为股东权益的保护提供了一种方案,主要体现在三个方面:首先,代理权征集制度是股东投票表决权代理制度的一种特殊形态,因而也是股东投票表决权的延伸。代理权征集制度的确立,较好地改变了以往股东大会上单个中小股东投票权的影响微不足道的局面,极大地提高了股东行使投票权的积极性与有效性,使得中小股东可以在关注股票带来的经济收益的同时,把目光转向投票权这一共益权的行使上。其次,代理权征集过程中必定会形成竞争,伴随着竞争过程中的信息披露,了解其中关键信息的中小股东将从其自身利益出发,支持对公司发展最有利的提案,而往往是挑战者的提案最具有吸引力。代理权争夺的成功会增加公司战略调整的可能性,而使市场对公司兼并重组的预期大大提高。这种预期会带来积极的市场反应,导致股价上升,使公司股东的财富增加[②]。再次,代理权征集制度为那些有志进入公司管理层的股东创造了条件,成为少数股东争夺公司控制权的有效方式,在一定程度上也会促进公司管理与决策的民主化。

[①] 梁上上:《论股东表决权——以公司控制权争夺为中心展开》,法律出版社 2005 版,第 194 页。

[②] 王伟伟、李强、李彤或:《我国建立投票代理权征集制度的思考》,载《求索》2003 (3)。

(三) 有利于优化公司治理结构

随着公众公司股份结构高度分散,以及所有权与经营权的分离,内部人控制现象日趋严重,如何加强对大股东、经营管理层的有效制约成为公司治理中需要解决的重要问题。公司的治理结构可以分为内部治理结构和外部治理结构。内部治理结构是指公司权力机关、执行机关以及监督机关之间的制衡关系,在董事会中心主义的模式下,其完善重在内部约束机制的运行,主要包括股东会对董事会的监督与控制、监事会对董事会的监督等。外部治理结构因公司所受外部约束而形成,主要通过资本市场、产品市场、信誉市场等竞争机制加以实现,对于上市公司而言,资本市场上的收购、兼并、代理权征集制度等以争夺公司控制权为目的的行为构成了最主要的外部约束机制。在成熟的资本市场上,这两种约束机制对于公司治理结构的完善缺一不可,仅仅依靠内部约束机制的完善来解决公司内部人控制等问题是不可能的,因此,借助于包括代理权征集制度在内的资本市场上的外部机制,使公司管理层面临来自市场的真实强大的在野者,对在位者形成一种外部威胁,将有效促进公司治理结构的优化。具体表现为:①对公司现任管理层或现行经营政策不满的股东从公司的其他股东处征集足够多的投票委托,以重新选举董事会并获得公司的控制权。公司的控制权易手之后,新的管理人员对公司的经营管理和人事进行整顿,把公司的资产投向最有社会效益和投资回报率最高的行业,从而使社会资源得以重新组合,发挥市场资源配置的功能。②现任管理层为维护公司控制权而发起的征集投票委托行为。在外部压力下,管理层为避免失去控制权,需要兢兢业业履行职责,努力提高公司业绩,由此达到优化公司治理结构的目的。

二、代理权征集制度的消极作用

代理权征集制度的作用就像一把双刃剑,在发挥积极作用的同时也具有自身的弊端,就像美国证券法权威人士 Louis Loss 教授所言:"委托书的使用,如放任而不加以管理,无疑是鼓励经营者长期留任而滥用其经营权;如加以适当管理,则可能成为挽救现代公司制度之利器"[①]。代理权征集制度的弊端主要表现在如下几个方面。

(一) 有可能导致征集者滥用投票代理权

代理权征集制度虽然能在一定程度上缓和股东无法有效行使投票权的问题,扩大对股东权利的保护,但是,由于代理权征集行为在一定程度上导致了股票所有权与投票权的分离,使得投票权的行使原因并不仅仅基于股东利益的考虑,更多地考虑了征集人自身的利益,如果缺乏有效的监督机制,股东的投票权极有可能为征集人滥用,成为征集人谋取私利的工具。在代理权征集中,实际上隐含了三重不对称关系:一是表决事项和董事候选人是由劝诱者决定的,授权人处于被动地位;二是劝诱者对于表决事项了如指掌,而授权人则如雾里看花;三是劝诱者对于授权的后果十分清楚,授权人则对投票代理人的行为缺乏有效的控制[②]。这就使得代理权征集制度存在一些潜在的危险。例如,代理权征集可能使股东在未完全了解委托书内容的情况下就进行授权,从而导致股东的意思产生瑕疵;征集人在行使投票代理权的过程中,不严格遵守信息披露义务,对涉及股东利益事项拒绝履行告知义务,导致股东无法获悉真实信息;征集人违背委托书中的要约,擅自变更代理内容;甚至于出现征集人以股东利益保护为名向公司发难等情况,这些行为无疑将会从根本上损害股东利益,背离该制度的初衷。因此,为使代理权征集制度严格服务于公司与股东利益,避免征集行为的滥用,各国立法大都对其进行了严格的规范与限定。

[①] 转引自罗培新:《股东会委托书征求制度之比较研究》,载《法律科学》1999 年第 3 期。

[②] 张开平:《英美公司董事法律制度研究》,法律出版社 1998 年版,第 76 页。

(二) 有可能加剧公司的内部人控制现象

在董事会作为征集人进行代理权征集之时,如果董事会对投票代理权不当行使的话,非常容易导致公司内部人控制加强的消极后果,带来公司治理中权力的失衡。这是因为,一方面,作为管理层的董事会拥有较之中小股东所不具有的优势,他们掌握着股东名册等资料,可以在一定范围内调动公司财产进行征集活动,而非管理层想要获得这些资源却非常困难;另一方面,董事会本来就具有持股优势,假如其可以征集投票委托书,则其在投票权之争中的竞争实力无异于虎上添翼。因为持有公司零星散票的小股东基于弱势地位的考虑以及对当权管理层的依赖心理,几乎对管理层通过发送记载股东大会的各个目的事项赞成与否的空白委任状而进行的劝诱来之不拒,并对其决议事项也呈现随声附和之状。这实际上造成了董事自己提议、自己决策的内部控制强化,使股东大会沦为董事操纵表决权的机器①。

(三) 有可能影响公司的安定与稳健经营

公司是以营利为目的的企业组织,必须通过经营或者营业取得盈利。在市场环境下,一家公司能否盈利不仅仅取决于良好的内部治理结构与管理模式,更取决于公司的发展宗旨、产品的市场销售状况、未来的战略计划等因素,这些因素都有赖于公司营业的连续性与长期性,换言之,都有赖于公司发展战略与经营策略的稳定性。代理权征集作为争夺公司控制权的一种工具,其优势在于它可以以相对较低的成本控制公司,至少可以对公司管理层施加一定压力。因此,一些在野股东有可能出于各种目的,以极少的股份挑起代理权征集,引发控制权之争。在此情况下,管理层被迫参与代理权竞争,管理者的精力由公司的日常经营转移到频繁的控制权争夺上来,这势必会

---

① 周春梅:《论投票委托书征集之主体资格》,载《法律适用》2002 年第 5 期。

对公司的正常经营造成一定干扰。因此,如果代理权征集制度适用的范围过于宽泛,必定会对公司的发展产生负面影响。

正是由于存在上述弊端,凡是确立了代理权征集制度的国家和地区,大都在本国或本地区公司法、证券法中对代理权征集制度进行了不同程度的限制,以求扬长避短,兴利除弊,发挥该制度的积极作用。

第三节 代理权征集制度的规则边界

一、代理权征集与表决权信托

表决权信托(Voting Trust)是指公司股东依据与受托人之间签订的表决权信托协议,将其持有股份的法律权利,包括股份的表决权转让给受托人(信托机构),后者为实现一定的合法目的而在协议约定或法律确定的期限内代替股东持有该股份并在股东大会上行使其表决权的一种信托。其中,将其股份转让出去的股东称为受益所有人,受让股份的商事主体成为表决权受托人,也是股票的"法律所有人";受益所有人与表决权受托人赖以建立法律关系的协议成为表决权信托协议。表决权信托是一种旨在集合股东投票权的信托,其本质是利用信托的方式对投票权进行重新安排,由受托人集团性地行使投票权,从而使股东实现对公司的控制。表决权信托的方式是:股东签订含有信托条款的书面协议,该协议可包括任何与委托投票目的相关的事项,并将股票移交给受托人。委托投票协议签署后,受托人应备置登记册,记载全部信托受益权拥有人的姓名、所缴付的股票种类、数额、向售股公司提交名册、信托协议副本等信息。表决权信托是有价证券管理信托中的一种,是一个用途广泛的信托品种,在我国社会经济生活中可以发挥多方面的作用。

表决权信托与代理权征集本质上都是对股东表决权实现方式的不同安排,其共同目的旨在通过对股东的投票表决权进行一系列的制度设计,达到通过表决权的行使实现对公司控制的目的。但是,两者在许多方面还存在一些差别,表现如下。

(一)追求目标不同

表决权信托与代理权征集尽管可以对公司的控制权产生一定的影响,但是两者的价值追求还是有所差异。表决权信托的作用类似于表决权委托,其最终目标是提高委托人行使投票表决权的效率与质量,从而维护股东的根本利益。代理权征集尽管从一定程度上维护了股东表决权的正常行使,有利于保护股东的共益权与根本利益,然而其出发点是保护征集人在公司中的利益。

(二)受托人的资格不同

在表决权信托中,受托人只能是登记在册的信托机构,自然人不能成为受托人;而在代理权征集中,受托人既可以是法人,也可以是自然人,而且主要是公司的股东。

(三)内容不同

在表决权信托中,委托人将股票在法律上的所有权和投票表决权信托给受托人,自己只保留股份自益权,即股票的股息权和其他财产分配权,这便产生了严格的表决权信托法律关系。在这一法律关系中,受让股份的商事主体是股票表决权的受托人,也是股票的"法律所有人",委托人是股票的"受益人",并且,在公司的股票过户登记簿上,股票的所有权登记在受托人名下。在这种信托法律关系中,双方的权利义务适用信托法,受托人承担信托法上的各种受信义务,而不仅限于合同法上的约定义务。在代理权征集制度中,股票的所有权仍然属于被代理人(股东),而且行使投票表决权的主体仍然是股东,征集人与股东之间仍然是代理与被代理关系,并不存在股票所有权与投票表决权在法律上的转移。此时,双方的权利义务不仅适用合同法上的约定义务,而且也适用民法上的代理原则。

（四）投票表决权的独立性不同

信托关系的核心是信托财产,而信托财产最显著的特征在于其独立性,具体到表决权信托中则体现为表决权的独立性,即表决权信托法律关系一旦成立,表决权的授权则具有了一定期限内不可撤回的特征,无论是委托人还是受托人,都不能再要求撤回表决权。在代理权征集中,征集人与股东之间是代理与被代理关系,股东仍然可以遵循投票表决权代理的一般原则以及民法中的代理原理,享有随时撤回表决权的权利。

（五）有无报酬不同

在表决权信托中,受托人可以获得一定的报酬,而在代理权征集中,各国公司法一般严格禁止有偿征集,受托人一般无报酬可言。

二、代理权征集与企业并购

企业并购是一家企业或若干家企业对其他企业的股东权益之特定归属权即企业产权进行重组的自主性商业活动。在 M&A 活动中,企业产权作为一种商品被买卖、处置,其最终目的是通过产权重组,实现经营资源和盈利能力的重组,从而使企业并购的参与者获得经营性收益和资本性收益[①]。并购正在成为我国经济战略调整、产业结构升级、产权制度改革、国企改制、民企发展的主要法宝和利器。进入 21 世纪以来,随着全球企业并购浪潮迭起,国内并购市场上大小规模的并购交易也频繁发生,交易额逐年上升,外资、民资以并购方式投资的热情高涨,同时,中国企业频频出手海外,不断进行跨国并购。可以说,企业并购正在中国迅猛发展。

如果从企业控制权转移的视角对并购进行界定,我们可以发现

---

① 史建三:《跨国并购论》,立信会计出版社 1999 年版,第 21 页。

股东投票代理权征集制度的法律分析

企业并购的实质是在公司控制权市场上对企业控制权进行的一种交换活动,交换的主要内容是由各种主要要素构成的整体商品——企业。其目的是为了获得一个企业的控制权。享有公司控制权的主体既可以是股东,也可以是董事会,甚至可以是经理层。对于公司控制权争夺的方式,不同的学者有不同的观点,最早提出公司控制权市场(the Market for Corporate Control)概念的是美国乔治·华盛顿大学法学院的 Henry G. Manne 教授在其 1965 年的经典论文《Mergers and the Market for Corporate Control》中认为争夺控制权主要有代理权竞争、直接购买股票和兼并三种方式①。因此,从控制权角度而言,代理权征集与企业并购都有争夺公司控制权的功能,两者共同构成了公司治理的外部约束机制。

尽管企业并购与代理权征集共同构成了公司控制权争夺的最基本机制,但是,两者无论是在运行的方式还是功能方面,都存在着诸多差异,表现如下。

(一)运作机制不同

一般而言,控制权的争夺往往通过两种途径实现:一是通过争夺股权,实现对公司的控股,从而接管甚至更换管理层,达到对公司的控制,这往往包括收购、兼并、一致行动人、债转股等手段;二是通过其他非控股方式控制公司管理层,往往包括代理权征集、法律安排、程序性策略等手段。企业并购可以分为股权并购与资产并购,在股权并购中,收购方往往通过购买一定数量的股份成为公司的控股股东,以此达到对股东大会的控制,进而进入董事会,实现接管公司的目的,在这一过程中,收购方通过与被收购方签订股权转让协议,购买了被收购方的股份以获得股东的地位并行使股东权,作为收购对象的原股东因出让股份丧失了股东的地位,换言之,在收购过程中,

---

① H. Manne. 1965, Mergers and the Market for Corporate Control, journal of Political Economy.

股票的所有权发生了实质性的转移。在代理权征集过程中,股票的所有权仍然属于原股东,征集人只是从股东处代理行使了股东的投票表决权,尽管这意味着股东的股权与投票表决权在一定程度上的分离,但整个征集程序并未发生股权的转让。因此,与公司并购相比,代理权征集可以看作是一种对股东投票权发挥作用的制度设计,并且是一种非现金控制模式。

(二) 功能优劣不同

对于代理权征集与企业并购的功能孰优孰劣,不同的学者有不同的观点。有学者认为,代理权征集与公开要约收购相比,其功能具有附属性,因为在公开要约收购的情况下,个人股东的决定趋向是投资型,只需要考虑自己手中的股票是否能卖个好价钱,而在代理权争夺中,股东很明显是在各个竞争经营公司权力的派别之间作出选择,以维护股东在该公司中的长远权益,这对一般股东来说,难度很大。另外,委托书征集者和数量众多的股东联系沟通要付出庞大的费用,如果征集失败,则一无所获,因而风险很大[1]。也有学者认为,在我国,由于法律、法规的限制和上市公司独特的股权结构,使得公司控制权市场和恶意收购因成本太大而英雄无用武之地,只有投票权代理制度因成本小而屡屡上演[2]。本书认为,在对目标企业控制权争夺的功能方面,代理权征集与企业并购毫无疑问都具有重要的作用,都是正常的市场化行为,两者功能的比较不仅仅取决于其迥然有异

---

[1] 殷召良:《公司控制权法律问题研究》,法律出版社2001年版,第173~174页。另外,作者引用了美国学者Louis Loss的观点,对两者对比进行了说明。Louis Loss认为,与代理权征集相比,公司并购作为获得控制权的一种方法更有优势,原因在于:①公开收购相对更便宜、成本更低,因为所有的支出在获得控制权的同时都变成了投资,而争夺代理权所支付的沉重代价,即使获得了公司的控制权也不能变为投资,且通常都由代理人承担。②如果公开收购不成功,失败的收购人可以把股票不受损失地处理给目标公司或目标公司的管理者。③公开收购被限制在股东的时间段内,全部交易能够快速发生,这对于防止管理层构件防御措施和节约取得控制权的费用都有重要作用。

[2] 马光远:《全流通时代的投票代理权争夺》,《中国经济时报》2006年6月14日版。

的运作机制,更取决于相应的制度土壤、法律环境、市场参与者的实力背景等各种情况。从运作成本与程序来看,企业于并购时涉及公司、证券、金融、合同、劳动等多种法律关系,适用的法律规范也错综复杂,所需资金过巨,成本相对较高;代理权征集涉及法律关系相对较少,程序也较为简单,似乎比企业并购更具优势。其实不然,代理权征集尽管可以通过集团性的行使股东投票权实现对公司的控制,然而,由于这种授权是一种短期的行为,授权范围限定,适用领域较窄,因此具有很大的不确定性,加之在授权结束以后或者股东单方面撤回授权之后,征集人如何维护已经取得的收益与控制地位也存在很大问题。因此,征集人并不一定能够取得最终的成功。与此相比,企业并购者一般具有较强实力,如果成为控股股东,其地位相对而言更为巩固,风险也相对较小。但是,对于不具有资金优势的收购人而言,如果目标公司太大使其无财力购买股份的大多数,如果通过代理权征集获得足够的投票代理权,则有可能成功获得控制权或者至少对管理层形成外来冲击并使其屈身谈判。因此,本书认为,评价代理权征集与企业并购的功能优劣,是一个仁者见仁、智者见智的问题,并且需要结合具体因素方能作出判断。

三、代理权征集与股东投票协议

股东投票协议(Shareholder Voting Agreements)又称股东表决权拘束合同、股东表决协议或联合协议(Pooling Agreement),是指全体或一部分股东达成的就特定的股东大会决议事项,按照约定方式行使表决权的一种合同。我国《公司法》规定了股东可以联合请求召开临时股东大会、联合召集和主持股东大会以及联合行使临时提案权。但是对于在实践中已经存在的股东投票协议,我国《公司法》和其他法律、法规均无涉及。从国外立法和判例上看,现代公司法倾向于附条件地承认股东投票协议,允许股东通过协议将分散的投票权集中起来,用于选举董事候选人,或用于股东会上对某项决议的表决。例如,美国《标准公司法》第7.31条规定:两个或两个以上的股东可以通过协议规定表决方式,此种表决协议不受信托表决的约束,并且此种表决协议是可以被强制执行的。

股东之间订立表决权拘束协议的目的是多种多样的。对于已经拥有公司控制权的人来说,可能是为了保持控制权;对尚未取得控制权的人来说,可能是为了在允许累积投票时使股份的表决权最大化,从而对公司拥有更大的发言权。此外,还可能是为了确保实现某些特定的目标,如当公司出现僵局时,利用表决权协议打破公司的僵局①。与代理权征集的功能相似,表决权拘束协议也可以有效地把股东手中持有的投票数集中起来影响甚至控制股东大会的表决结果,决定或影响公司董事、监事的人选及公司的经营管理活动。但是,两者的区别也显而易见,主要有以下几个方面。

(一)股东所处的地位不同

代理权征集的本质是征集人与股东达成的一种契约,征集人向股东发出委托书劝说股东授予其代理权,当股东以授予代理权的意思送还委托书时,以表决权的代理行使为目的的委任契约即告成立,因此,在代理权征集中,股东授予征集人代理权时往往处于被动的地位。在表决权拘束协议中,由于协议的主体大都是持有相同观点的,他们对公司某一决策事项的态度是一致的,因此,协议各方在行使投票权时会成为一致行动人,并且会在行使权利方面具有较强的主动性。这种地位的不同决定了对代理权征集中的股东需要特别保护,而对表决权拘束协议中的股东则以自力救济为主。

(二)表决权行使的性质不同

代理权征集与股东投票权代理制度之间既相互联系,又相互区

---

① 梁上上:《表决权拘束协议:在双重结构中生成与展开》,《法商研究》2004年第6期。

别。代理权征集是投票权代理制度的一种特殊形态,是后者发展的高级阶段;投票权代理制度是代理权征集的基础和前提;因此,在代理权征集中,征集人和股东之间仍然属于代理关系,征集人代股东行使表决权仍然要遵循《民法通则》关于代理的一般规定,严格按照委托股东的意思行使投票权。而在表决权拘束协议中,股东集体行使投票权属于合同的安排,并不存在代理问题,即投票表决权仍然由股东自己行使,并且股东行使投票权时所受的制约主要来自于表决权拘束协议的约定。

第二章 代理权征集制度的本体分析

代理权征集是股东投票代理权的一种特殊形式,是征集人与股东达成的代理行使投票表决权的契约,其目的是争夺公司的控制权。在代理权征集中,征集人向股东发出委托书劝说股东授予其代理权,当股东以授予代理权的意思送还委托书时,以表决权的代理行使为目的的委任契约即告成立。在此,可以将征集人依法发送委托书并劝诱股东让其代理行使投票表决权,视为该委任契约的要约;将股东送还委托书视为承诺,由于股东送还委托书而委任契约成立,代理权征集活动完成。可见,代理权征集制度的运作程序以及各方主体的权利义务是围绕征集行为和代理授权行为展开的,其中涉及征集行为的适用范围、征集行为的界定、是否允许有偿征集、被代理人如何授权、授权委托书的内容、授权是否可以撤回、股东权利如何保护等问题。在征集行为与代理行为的基础上,征集人与被代理人主体资格的相关问题也很重要,例如征集人是否仅限于股东、董事会是否有资格进行征集、中介机构是否有权征集等问题。另外,在代理权征集过程中,有可能存在征集人与股东双方的违约责任,或者代理人单方的侵权责任,此时,如何对受害方进行救济,也是法律所要关注的问题。这些问题不仅仅是传统的公司法理论对于代理权征集关注较多的问题,也是各国代理权征集实践中争议较多的问题。这些问题大致可以分为四个方面：代理权征集制度的主体、征集行为、代理行为、法律责任。本章试图对这四个方面的问题进行深入探讨，以求阐明代理权征集制度的具体运作过程及其中的若干法律疑问。

第一节 代理权征集制度的主体分析

代理权征集制度主要围绕征集行为和代理行为展开，因此，代理权征集中存在征集人和被代理人两方主体。征集人和被代理人主体资格的认定不仅是代理权征集制度的基础，也是各国立法与实践关注的重点问题。征集人的资格属于股东，但股东之外的其他主体如利益相关者、中介机构是否有权征集，以及控股股东、董事会等特殊股东是否有权征集等相关问题仍然存在争议；被代理人的资格应依照民法代理理论和《公司法》中投票权代理制度确定，并且当属股东无疑，有疑问的是股东资格存在瑕疵时如何认定授权的效力。下面，本部分对上述内容作进一步的分析。

一、征集人资格的认定

在一般的投票表决权代理制度中，理论及实务上均主张代理人的资格不限于股东，但是，对于代理权征集中征集者的资格是否仅限于股东，理论上存在争议，大致可以分为肯定说和否定说。肯定说认为征集者不仅限于股东，公司之外的相关主体也应当具有征集资格。该观点认为对股东持股比例及持股时间的限制，使原具有股东委托书征求优势地位的现任董事、监事受到格外的照顾，对非现任股东、监事的征求人颇为不利，有损于股东委托书征求制度应有功能的发挥[①]。否定说认为征集者的资格应当仅限于股东，而不应当包括股

[①] 刘连煜：《公司监控与公司社会责任》，台湾五南图书出版有限公司1995年版，第35页。

东之外的其他主体,因为征集者一般本着影响公司经营决策甚至改组公司管理层的动机进行委托书的征集,存在利用委托书投票干扰公司正常营运甚至敲诈现任经营者及公司的道德风险,况且,公司外部非股东人士若通过征集股东委托书获得公司控制权,由于其与公司并无息息相关的利益关系,往往会短视近利,仅为谋取个人私利而置公司长远利益于不顾。

对于代理权征集人是否仅限于股东,世界各国和地区的立法也依据本国或本地公司的发展情况或股权结构等因素,呈现出了不同的监管态度。美国1934年《证券交易法》中,关于代理权征集制度的核心条款14(a)规定:"任何个人利用邮寄或者任何州际交往手段或工具或者全国证券交易所的任何工具或其他方法,违反委员会为维护公共利益和保护投资者利益制定的必要或适当的规则和规章,征集或者允许他人利用自己的姓名来征集关于依据本法第12节登记的任何证券(豁免的证券除外)的委托权、同意或者授权,应属违法。"由此可见,美国只禁止非法征求委托书,对征集者的资格并无限制,无论是在野派还是公司管理层、非股东都可以征求委托书,也不管其持股数量多寡和持股时间长短。我国台湾地区1995年颁布、2009年修正的《公开发行公司出席股东会使用股东委托书规则》规定了征求股东委托书(代理权征集)主体的积极资格和消极资格,确立了征集人必须是公司股东的立法例,其中第4条规定:"委托书征求人,除第6条规定外,应为持有公司已发行股份五万股以上之股东。但股东会有选举董事或监察人议案者,征求人应为截至该次股东会停止过户日,依股东名簿记载或存放于证券集中保管事业之证明文件,持有该公司已发行股份符合下列条件之一者:一、金融控股公司、银行法所规范之银行及保险法所规范之保险公司召开股东会,征求人应连续一年以上,持有该公司已发行股份八十万股以上或已发行股份总数千分之二以上。二、前款以外之公司召开股东会,征求人应连续六个月以上,持有该公司已发行股份八十万股以上或已发行股份总数千分之二以上且不低于十万股。"第5条规定:"符合前项资格之股东、第6条之信托事业、服务代理机构或其负责人,有下列情况之一者,不得担任征求人:一、曾犯组织犯罪防治条例规定之罪,经有罪判决确定,服刑期满尚未逾五年。二、因征求委托书违反刑法伪造文书有关规定,经有罪判决确定,服刑期满尚未逾三年。三、曾犯诈欺、背信、侵占罪,经受有期徒刑六个月以上宣告,服刑期满尚未逾三年。四、违反证券交易法、期货交易法、银行法、信托业法、金融控股公司法及其他金融管理法,经受有期徒刑六个月以上宣告,服刑期满尚未逾三年。五、违反本规则征求委托书其代理之表决权不予计算,经判决确定尚未逾二年。"

我国《公司法》第106条规定:"股东可以委托代理人出席股东大会,代理人应当向公司提交股东授权委托书,并在授权范围内行使表决权。"这条规定并未明确非股东是否可以作为代理人代为行使投票权,但是,依据私法领域"法无明文禁止即为许可"的原则,非股东似乎也可以成为代理权征集中的征集人。然而,就实际情形来考察,征集者在征集前一般都会在公开市场上大量购买目标公司的股票,这样既可以为委托书的成功征集打下良好的基础,也可以在被征集者中树立良好的形象,使其与成功控制公司后的收益建立资产上的联系。从理论方面来看,如果任由与公司毫无联系的主体享有征集者资格,将会出现征集人在缺乏正当的利益追求情况下频繁征集,势必会产生诸多的投机行为,损害股东的根本利益和公司利益。然而,这种担心有可能是多余的,因为在市场经济中,每个市场主体都被假设为一个理性人,具体到代理权征集的运作机制中,每一个有征集资格的主体都会寻找自己进行征集的利益和意义的出发点,即便真的出现所谓的投机行为,股东们也会对这种征集的要约进行判断和甄别,作出接受或拒绝的决定,以维护自己的利益。从这个角度来说,法律是否将征集主体限定于股东似乎没有太大意义,不如将这种识别判断的机会与风险交予征集人和股东,以真正实现双方的意思自治和责任自负。当然,在代理权征集实践的不断发展中,公司的利益相关者、专业的中介机构等非股东主体的征集事件越来越多,这对于公司法理论和代理权制度无疑是一种有意义的创新。

(一)利益相关者是否有权征集

随着社会经济的发展,以及公司规模的普遍壮大,公司对于社会的支配力与影响力也急剧扩大,并对社会各方面开始产生了实质性的影响。在这种背景下,公司的社会责任理论脱颖而出,提出基于现代公司的影响力与地位,公司应当承担更多的社会责任,即公司不应当仅仅是股东赚钱的工具,还应当对股东之外的雇员、消费者、债权人、中小竞争者、社区、社会弱者及其他利益相关者承担责任。这一理论在经济学中又称为"利益相关者理论",该理论强调:公司的本质是利益相关者的契约集合体,利益相关者是所有那些真正在公司有某种形式的投资并且处于风险之中的人。公司的利益相关者包括股东、经营者、员工、债权人、顾客、供应商、竞争者、国家等。公司的管理层不仅要代表股东的利益,而且要代表其他利益者的利益。对所有权的拥有是利益相关者参与公司治理的基础,也是利益相关者权益得到应有保护的理论依据,因此,应当强调企业的所有权和控制权由出资者、债权人、职工、供应商、用户等利益相关者共同分享,并由此将公司目标理解为公司价值最大化。因此,如果允许利益相关者运用投票代理权等制度对管理层施加压力,一方面会使管理层考虑与公司利益相关主体的权益保护问题,避免除股东之外的公司职工、债权人等利益主体的权益遭受侵害;另一方面同样可以优化公司治理,与股东征集产生同样的效果。另外,由于代理权征集是一种双方选择的活动,并且征集行为需要一定的费用,因此,法律若不禁止利益相关者作为征集人的资格,由利益相关者考虑成本以决定是否征集，由股东考虑自身权益以决定是否接受对方的要约，以使征集行为完全成为双方自由选择、责任自负的结果，也是一种合理的选择。

（二）中介机构是否有权征集

专门的代理权征集公司的大量存在是西方国家代理权征集制度的一大特征。国外的投票代理权征集制度较为成熟，大批包括券商在内的服务代理机构成为投票代理权的服务中介，越来越多的公司管理机构或者改朝换代的中小股东，在运用投票代理权征集时都聘请专业的代理机构作为顾问，其原因是：①监管部门的要求越来越高，监管部门颁布了许多法律、法规来管理投票委托的程序，而对于这些具体程序的规定，公司管理机构尤其是中小股东并不熟知，因而往往可能因为具体程序的疏忽没有遵章办事，使得投票权的争夺功亏一篑；②随着证券市场的发展，公司控制权的争夺也越来越复杂，往往不仅包含一种方式的运用，而是几种方式的合并使用，如现在比较常用的方式是先在股市上收购一定股份的股权，当资金不足时再运用投票权的征集集合其他中小股东的力量，占据优势地位。这些创新性的设计和具体操作，往往不是非专业公司和个人的能力所能驾驭，从而对专业的征集机构提出了需求；③专业的征集机构已经日趋成熟，他们有比较丰富的经验，熟知法律、法规，其提供的专业化服务已经得到了许多上市公司或企业的认可；④由于投票权征集花费巨大，而往往成效不大，相比起来，专业服务公司的收费比较合理①。正是基于以上理由，专业机构代为征集投票权成为国外证券市场的一大亮点。

（三）机构投资者是否有权征集

近年来，我国资本市场上一个巨大的变化即是机构投资者的不断成长，其所带来的投资者革命至少在公司治理、公司融资、公司并

---

① 王淑梅：《发达国家委托投票征集制度特点及启示》，载《求索》2004年第4期。

购等方面深刻改变了公司法的制度环境[1]。机构投资者(Institutional Investors)是指符合法律、法规规定可以投资证券投资基金的注册登记或经政府有关部门批准设立的机构。证券市场上的机构投资者相对于个人投资者而存在,从广义上讲是指用自有资金或者从分散的公众手中筹集的资金专门进行有价证券投资活动的法人机构。在西方国家,以有价证券投资收益为其重要收入来源的证券公司、投资公司、保险公司、各种福利基金、养老基金及金融财团等,一般称为机构投资者。其中最典型的机构投资者是专门从事有价证券投资的共同基金。在中国,机构投资者目前主要是具有证券自营业务资格的证券经营机构,符合国家有关政策法规的投资管理基金等。目前,机构投资者的规模越来越大,以资本市场建立较晚的中国为例,从1998年的40亿元到今日2.25万亿元的规模,从1998年占市场市值的1‰到今日占10%的比重变化[2]。机构投资者是否有权作为征集主体发起征集?笔者认为,除非法律、公司章程、股权协议等有特别规定或约定,机构投资者理应享有作为征集主体的资格。原因在于:一方面,机构投资者作为公司股东发起征集活动,是其股东权利的行使;另一方面,机构投资者因其所具备的资本实力、专业知识、风险判别能力和承受能力等,如能积极参与股东代理权征集,将会更加有利于代理权征集的成功几率,进而促进公司治理结构的完善。

综上所述,本书认为,在代理权征集制度中,征集人原则上应当是股东,但特殊情况下也可以包括一些非股东主体,如公司的利益相关者和专业中介机构等。法律不应对征集人必须是股东作出限制,也无需罗列股东之外享有征集资格的主体,只需不禁止股东之外的

---

[1] 冯果:《投资者革命、股东积极主义与公司法的结构性变革》,载《法律科学》2012年第2期。

[2] 成思危、李自然:《中国股市:回顾与展望》,科学出版社2015年版,第220页。

股东投票代理权征集制度的法律分析

主体享有征集资格即可。

除此之外,对于控股股东、董事会等特殊主体作为征集人的资格也讨论得较多,由于公司董事会大都代表了大股东的意志,因此,本书仅对公司董事会及其成员作为征集人资格的相关法律问题进行探讨。董事会作为征集人进行代理权征集是证券市场中一种较为普遍的做法,是董事会掌握、巩固公司控制权的一种重要手段。这是由代理权征集制度的工具性特征决定的。与中小股东进行征集相比,董事会进行代理权征集具有优势:①董事会掌握着所有股东的最新名单,而非管理层想获得该股东名单却很困难,这必然产生"信息不对称";②董事会在一定条件下可以用公司的财产资助其征集活动,而非管理层必须用自己的财力进行征集活动;③董事会往往已经具备了管理、资金、专业知识等方面的优势来维持其对公司的控制,而中小股东只能通过集体行使投票权才能保护自己的利益。因此,如果再允许董事会运用代理权征集,对于中小股东而言是一种不公平。基于这些理由,个别国家在其立法中明文禁止董事等特殊主体进行征集,如意大利公司法规定,董事、审计员、公司或其子公司的雇员,银行或其他债权机构和团体,不得成为代理人①。当然,更多的国家对于董事会征集代理权持一种自由放任的态度。

本书认为,董事会及其成员应当享有代理权征集资格,理由如下:①代理权征集是一种工具性制度,在价值上存在中立性,而非专属于某一团体某一阶层。作为公司治理的一种手段,中小股东利用它来维护自身的权益理所应当,董事会利用它来维护自己的控制权也无可厚非。《公司法》第106条的规定意味着董事会及其成员也可以作为代理人行使代理权,如果法律对董事会进行征集的行为加以禁止或者限制,势必造成权利享有方面的不平等与法律制度的混乱。

---

① [英]梅因哈特:《欧洲十二国公司法》,兰州大学出版社1988年版,第266页。

②对于一家公司而言,其治理机制包括内部和外部两个方面,董事会维系控制权的压力不仅仅来自于公司内部的中小股东,更重要的是来自于资本市场上的外来力量,倘若一家实力远胜于己的公司对自己进行恶意收购时,董事会除了利用资金优势防御的同时,如果允许其运用代理权征集制度发动广大股东,则无论对于公司利益还是中小股东的利益都是一种最好的维护。③董事会一旦发起代理权征集,其必然会向广大股东发出要求授予投票代理权的要约,公司中小股东完全可以根据自身的具体利益和价值判断作出是否授予董事会权利的选择,如果董事会在任期内能够有效提升公司业绩、维护股东利益,拥有表决权的股东自然会希望董事会继续留任管理;如果董事会并未较好履行职责,即便发起代理权征集,其征集行为也会因为得不到股东的支持而失败。因此,法律没有必要对董事会征集代理权的行为进行限制。

二、被代理人资格的认定

在代理权征集中,股东作为受要约人对征集人要求授予投票代理权的要约进行审查,如果认为符合自身利益并接受要约,双方即可达成授予投票代理权的契约,股东便成为被代理人。被代理人只能是股东,因为只有股东才享有在股东大会进行表决的权利,这一点毫无疑义。有疑问的是,如果股东出现资格上的瑕疵或者意思上的瑕疵,该如何认定股东授予代理权行为的效力?对于股东意思方面的瑕疵,我们留待本章第三节再作讨论,此处对股东资格瑕疵引发的法律问题进行一些探讨。

股东资格瑕疵时,如何认定授予投票代理权行为的效力?依据《民法通则》的规定,自然人民事行为能力依个人年龄、心智发展及健康状况,可分为完全民事行为能力、限制民事行为能力和无民事行为能力。对于具有完全行为能力的股东在接受征集人的要约并作出授权承诺之后,应认定其授权完全有效,双方合同成立。对于完全无民事行为能力的股东授予代理权的意思必须经过法定代理人同意,否则归于无效。那么,限制民事行为能力的股东授权时的效力如何确定呢?

限制民事行为能力人主要包括两种情形:年满10周岁以上不满18周岁的未成年人和不能完全辨认自己行为的精神病人。限制民事行为能力人所实施的民事行为的效力情况可分为四种情况:①纯获利益的行为有效;②在相应的民事行为能力范围内的行为有效;③超出民事行为能力范围而实施的单方民事行为为无效行为,依据《民法通则》第58条的规定,限制民事行为能力人依法不能独立实施的民事行为无效;④超出民事行为能力范围而实施的合同行为为效力待定行为,《合同法》第47条规定:"限制民事行为能力人订立的合同,经法定代理人追认后,该合同有效,但纯获利益的合同或者与其年龄、智力、精神健康状况相适应而订立的合同,不必经法定代理人追认。"本来,限制民事行为能力人超出能力范围实施的合同行为也应属无效,但是依照新法优于旧法的原则,《合同法》将此类行为归为效力待定行为。具体到代理权征集制度中,如果被代理人属于限制民事行为能力人,其授予代理权的行为应当属于超出能力范围而实施的合同行为,因为一方面,股东大会决议事项往往为公司经营管理中的重大复杂问题,即便具备完全民事行为能力的股东也未必具备作出贤明决策所需的智慧、能力与经验,更遑论限制民事行为能力人乎①? 另一方面,代理权征集行为虽然脱胎于一般的投票权代理,但毕竟又与其有很大差别。最主要的区别在于一般的投票代理中,股东的授权是一种单方的行为,但在代理权征集中,股东的授权则是作为对征集人的承诺而存在,应当视为是一种合同行为。因此,一旦限制行为能力人应征集人之要约而作出承诺授权的决定,应当适用《合

---

① 刘俊海:《股份有限公司股东权的保护》,法律出版社2004年版,第262页。

同法》第47条的规定,即双方达成的协议属于效力待定合同,需要经过被代理人的法定代理人同意之后,合同方能生效。

第二节 征集行为及其展开

所谓征集,包括要求股东给予委托书,或者要求股东不将委托书给予他人,或要求将已给予的委托书撤销(Revoke),以及其他足以导致上述给予、不给予或撤销委托书的行为。正如前面所述,代理权征集制度的运作程序是围绕征集行为和代理授权行为展开的,在此基础上延伸出了征集过程中各方主体的具体权利义务。从代理权征集的运行程序来看,征集行为是其起点;从代理权征集协议的签订过程来看,征集行为是一种要约;从征集人着手进行代理权争夺的角度来看,征集行为是征集人实施的最重要、最基本的法律行为;从中小股民利益保护角度来看,征集行为是股东在众多征集人之间进行选择的重要依据。由此可见,征集行为无论对于征集人还是股东,都具有极为重要的意义,也关系着征集程序中其他行为的进一步展开。

然而,征集行为恰恰又是一个较为模糊的概念,在规则适用上具有不确定性[1]。例如,对于什么是征集行为、什么情况下可以适用代理权征集、征集行为有哪些表现形式、征集行为中哪方当事人应当履行信息披露义务、如何防止征集欺诈、是否允许有偿征集、征集费用的负担等问题,各国各地区因其立法与实践的巨大差异而存在显著不同。我国虽然初步确立了代理权征集制度,但是对上述重要问题语焉不详,使得在实践操作中处于真空地带,这对于代理权征集中股东、征集人、上市公司等各方主体利益的平衡与保护都颇为不利,因此,本部分试图结合我国立法与理论传统,以及证券市场的实践,对

---

[1] 梁上上:《论股东表决权——以公司控制权争夺为中心展开》法律出版社2005版,第196页。

上述问题从如下方面进行探讨。

一、征集行为的界定

　　征集人进行委托书征集时,需要对被征集的股东进行游说,劝诱其将投票权委托给自己行使。立法者对委托书竞争活动进行规制,实际上就是对征集人的"征集"行为进行规制。而所谓的"征集",乃是征集人对被征集股东的劝诱行为①。在征集行为中,作为与股东进行的交流活动,征集人可以采用多种形式劝诱被征集股东将投票权委托给自己行使,例如通过广告、电话、座谈、邮件、新闻发布会等多种形式表达意愿。然而,征集人表达意愿的过程并不是简单地游说股东,而是借助各种宣传展开猛烈的攻势,例如鼓吹即将采取的经营政策、攻击争夺委托书的其他征集方等,因此,在各派争夺选票的过程中,宣传材料的内容往往具有决定性的作用。为了保证各派在宣传材料中实事求是地阐述各自的观点,充分地向股东公开征集人的背景,并公布与投票表决的问题有关的各种资料,立法者往往会对征集行为进行较为明确的界定。

　　1934年,美国联邦《证券交易法》对代理权征集制度进行了一般性规定。随后,SEC根据《证券交易法》第14条的授权,颁布了内容详尽的《投票委托劝诱实施细则》,该实施细则共有14项(Rule14a-1—14a-14)。该细则第14a-1中指出,征集行为(Solicitation)包括:①任何关于投票委托的请求(Any Request for a Proxy),无论这种请求是否采取委托书的形式或包含在委托书之内;②任何有关签署或不签署,或撤销投票委托的请求;③根据当时情况合理地判断,获取证券持有人投票委托书或其他通讯方式,其目的是为了获得、保留或撤销一项投票委托②。由于"征集"一词包含了提供征集委托书表

---

① 范黎红:《论上市公司委托书征集的法律规制》,厦门大学博士学位论文,2003。
② 张开平:《英美公司董事法律制度研究》,法律出版社1998年版,第70页。

格和其他方面的沟通,所以征集和征集委托书法规的管辖范围相当广泛。例如,报纸、社论、公众发言或对某公司的电视评论等,都可能解释为对今后的董事会选举征集委托书。为避免过于广泛的解释,SEC 和法院先后多次对"征集行为"进行了解释,并于 1992 年修改《投票委托劝诱实施细则》时,重新定义了"征集行为"。修改后的征集行为主要包括如下内容:①任何对代理权的征集行为,不管是否伴有征集表格;②任何行使或者不行使甚至取消代理权的征集;③向证券持有者提供代理权的表格,或者其他沟通形式,只要在此情形下经过合理地计算可以导致获得、撤回或取消代理权。如果一个证券持有人陈述应该如何投票及其理由时,采用下述通讯方式不属于委托书征集:①公共演说、新闻发布会、广播报纸、杂志或其他定期出版物;②其在有关证券投票上负有受托人义务,从而指示他人应该如何投票;③对要求进一步得到其他信息而不是为了劝诱所作的回答①。

我国台湾地区的立法对委托书的征集行为作了非常宽泛的规定。依据 2004 年修正的《公开发行公司出席股东会使用委托书规则》第 3 条的规定,委托书征求行为是指以公告、广告、牌示、广播、电视传讯、信函、电话、发布会、拜访、询问等方式取得委托书借以出席股东会之行为。

二、征集行为的适用范围

代理权征集制度的运作机理是,征集人通过大规模征集中小股东投票代理权,以求在董事会或股东会表决时取得优势地位,实现自己的意志。这一工具性特征决定了代理权征集制度功能的多样性,即其对于公司内部、外部各种力量争夺公司控制权、维护中小股东权益、优化公司治理结构等方面都具有重要作用。这些作

---

① 张开平:《英美公司董事法律制度研究》,法律出版社 1998 年版,第 71 页。

> 股东投票代理权征集制度的法律分析

用可以通过代理权征集制度的适用范围加以体现。代理权征集制度的适用范围,即征集行为的适用范围,换言之即代理权征集制度在什么情况下可以适用。一般而言,代理权征集主要有如下几种适用情形。

(一)维持公司股东大会法定足额数

代理权征集制度源于股东投票代理权制度,而后者是股东投票权与代理制度结合的产物。随着现代公司规模的不断扩大,股份公司的股东分布越来越分散,对于大多数股东而言,出席股东大会的成本大大超过了由此带来的利益,因此,越来越多的股东不愿意参加股东大会。这种现象使得股东大会由于无法维持法律规定的出席人数而无法召开。投票代理权征集制度以及由此衍生的代理权征集制度的最初设计目的就在于解决这种矛盾。例如,在韩国,代理权征集制度主要是为了解决股东大会法定足额人数而存在的,与其他目的无关。但是,近年来随着企业收购的增多,估计今后以确保控制权为目的的委任状争取战(代理权争夺战)会增加[1]。

(二)股东大会决议事项

股东大会是公司的最高权力机关,其决议事项纷繁复杂,有权选举和罢免董事、监事,有权修改公司章程,有权决定公司的经营方针和投资计划,有权决定公司的合并、分立、变更形式、解散和清算,董事会和监事会都需要对其负责。在代理权征集法律关系中,征集人可以是股东、董事会、董事,也可以是公司外部力量,被征集人则主要是公司股东尤其是中小股东,征集行为也大多通过征集股权中的表决权进行,这一征集机制决定了股东大会是代理权争夺战的主战场。在股东大会上,为了使待决议案获得法定比例的票数支持,提出议案的股东往往会借助各种途径来影响其他股东,使其他股东对自己的

---

[1] 李哲松,吴日焕译:《韩国公司法》,中国政法大学出版社 2000 年版,第 377 页。

议案投出赞成票,这些方式包括宣传、竞选、演讲,甚至购买公司股份。代理权征集制度相对而言成本较为低廉,并且运作更易成功,因此也较受青睐。例如,随着 2005 年股权分置改革序幕的拉开,代理权征集制度在我国证券市场上被广泛运用,一大批上市公司董事会借助代理权征集获得本公司中小股东的支持,以通过本公司的股权分置改革方案[①]。

(三)争夺公司控制权

代理权征集制度的主要功能之一是争夺公司控制权,这种情况主要存在于公司的外部股东(在公司董事会不能拥有席位或仅有少数席位的股东)就公司的某一重大问题与公司董事会的意见不一致时而进行代理权征集,其目的是通过征集到足够多的表决权来支持其观点或者取得公司的控制权。当外部股东和公司现任董事会为了获得股东的投票支持,针锋相对地进行代理权征集时便出现了"委托书竞夺"(Proxy Fight or Proxy Contest)的情形,这种争夺主要通过角逐公司董事会席位来展开,因此,代理权征集制度运用最广泛的领域无疑在于董事的选举方面。例如,美国 90%的代理权征集与董事的选举有关[②]。我国自 1994 年的"君安万科事件"以来所发生的几起有代表意义的代理权征集案例,如 1998 年的"金帝建设事件"、2000 年的"胜利股份之争",都是以争夺公司董事会席位为目的而进行的。

[①] 在股权分置改革期间,依照证监会的分批改革计划,多家上市公司先后向持有本公司股票的股民发出投票委托征集的公告,以求在股东大会上能够顺利通过本公司的股权分置改革方案。这些公告对于股改前本公司流通股股东的权利和主张权利的时间、条件和方式、董事会征集投票权的程序和方案、各方的法律义务与责任等诸多事项进行了较为细化的规定,极大地丰富了我国代理权征集制度的实践,这也将极大地促进上市公司股东大会议事规则的透明化、公开化、民主化。

[②] 梁上上:《论股东表决权——以公司控制权争夺为中心展开》,法律出版社 2005 年版,第 196 页。

然而,代理权征集的适用范围并非固定,在不同的国家,甚至在相同国家的不同发展阶段,代理权征集的适用范围都有可能存在差别。那么,立法者是否有必要统一明确代理权征集的适用情形呢?多数国家和地区对此并未明确限定,例如,1934年,美国联邦《证券交易法》与SEC《投票委托劝诱实施细则》、我国台湾地区《公开发行公司出席股东会使用委托书规则》等对于何种情形下可以进行代理权征集都未作出规定,只是从征集人资格、征集过程中的信息披露角度进行规范以加强监管,究其原因,在于代理权征集所涉事项大多属于公司治理结构范围,具有公司自治性质,法律无须过多地干涉。

三、有偿征集禁止

以征集人征集代理权是否需要支付对价为标准,代理权征集可以分为无偿征集和有偿征集。所谓无偿征集,即征集人取得股东的投票代理权委托书,不以支付对价为条件;而有偿征集则是征集人需要通过支付对价来收购中小股东的授权委托书。我国上市公司的中小投资者构成中,散户投资者较多,投资股票更主要是为了在股票交易中获取超额收益,对于所投资公司的经营运作则普遍缺乏参与的意识,更缺乏参与的热情。这种理性冷漠的思想和由此衍生的"搭便车"的心态为代理权征集的运作提供了空间。就纯粹的私权交易而言,股东投票权买卖似乎并无违法之处,有学者认为,如果投资者不能或不愿行使他们的表决权,应当允许他们将其出卖[1]。就我国目前实践而言,上市公司董事会虽然在每次股东大会的召集公告上都会附上授权委托书声明,进行无偿征集,但由于长期以来我国缺乏中小股东行使权利的制度土壤和历史传统,加之授权委托声明的欠规

---

[1] 转引自[美]弗兰克·伊斯特布鲁克、丹尼尔·费希尔,罗培新、张建伟译:《公司法的经济结构》,北京大学出版社2014年版,第11页。

范性,真正响应者寥寥无几。这一情况为征集人有偿征集中小股东授权委托书提供了可能性。

但是,在有偿征集中,中小股东授权征集人代为行使表决权的原因并非是征集人的个人条件、综合实力、与公司的利害关系,而是基于"对价"的诱惑,目的在于获取交易利益,而将自己的表决权委托给征集人。这一方面会导致中小股东行使权利的目的异化,偏离了自身权利正当行使的目标,造成股东大会决议的虚假性;另一方面将会导致征集人在征集结束后为收回征集过程中的对价而谋求私利,产生以代理权征集获胜的董事、高管等经营者对公司忠诚度不高的尴尬局面。

从法律经济学的分析框架出发,投票权与剩余索取权必须相匹配,也就是说,如果每股所拥有的剩余索取权相同,则其所附着的投票权权重也应相同。如果投票者的表决权与其剩余索取权不呈比例,则他们无法获得自己努力所带来的等同于其表决权比例的利益份额,也无需按其表决权比例承担可能造成的损失。这样,利益和风险机制的匮乏使得他们不可能作出最优的决策。或者更为糟糕的是,如果一方股东拥有相对于其持股比例而言过高的表决权,还会诱发损害其他股东利益的管理交易等道德风险。因而,买卖股东的投票权应列为违法行为[①]。

基于上述原因,各国大都明令禁止有偿征集。例如,美国公司法、证券法禁止股东为获取金钱或其他对价出售投票权或投票委托权,认为有偿征集无论对买方还是对卖方都是违法的。在 Shreib V. Carney 一案中,法官指出,从以往的案例来看,关于投票权买卖的效力可以归纳出两个原则:一是买卖投票权的目的如果是为了欺诈其他股东或使其他股东丧失权利即为当然违法;二是买卖投票权的行

---

① 罗培新:《抑制股权转让代理成本的法律构造》,《中国社会科学》2013 年第 7 期。

为违反公共政策,因而无效[①]。

我国台湾地区的立法也明文禁止购买委托书。《公开发行公司出席股东会使用委托书规则》规定,持有一定股份的股东可以为自己委任或与其他股东共同委任信托事业担任征集人征集委托书,除股东会纪念品外,不得以给付金钱或其他利益为条件;出席股东会的委托书的取得,不得以给付金钱或其他利益为条件。

在我国大陆地区,证监会于2002年发布且现行有效的《上市公司治理准则》第10条规定:"上市公司董事会、独立董事和符合有关条件的股东可向上市公司股东征集其在股东大会上的投票权。投票权征集应采取无偿的方式进行,并应向被征集人充分披露信息。"这条规定从维护证券市场秩序的角度出发,明确规定了代理权征集应以无偿方式进行。

四、委托书的格式与内容

在代理权征集中,征集人通过《出席相关股东会议授权委托书》向被征集人发出要求授予投票代理权的要约,被征集人通过填写授权委托书并按委托书规定程序送回征集人来表示授予代理权的承诺,由此,双方的意思表示达成一致,代理权征集行为完成。而在这一过程中,授权委托书是双方主体意思表示的载体,也是征集人代为行使表决权的依据与证明,因此,授权委托书的相关格式与记载内容非常重要。我国公司法、证券法均未对委托书的格式作出具体规定,仅简单规定股东委托代理人出席股东会议时,应出具委托书,载明授权范围并由代理人向公司提交。随着实践中代理权征集事件的不断增多,为了充分保护被征集股东的合法权益,使委托书能正确反映股东对股东大会决议的真实意思,保证股东大会的

[①] 447A. 2d.17(Del. Ch.1982)。转引自殷召良:《公司控制权法律问题研究》,法律出版社2001年版,第180页。

公正性,统一委托书的格式势在必行。我国实践中的大多数委托书格式如表3-1所示。

表 3-1 委 托 书

兹委托×××先生(女士)代表我个人(单位)出席××××公司××××相关股东会议,并代为行使表决权。

委托人(签名)		委托人身份证号码	
委托人持股数		委托人股东账号	
受托人(签名)		受托人身份证号码	
委托日期: 年 月 日			

表3-1中的格式是全权委托的样本,然而,这种格式由于内容过于简单,股东对股东大会所要解决的问题、所要决议的事项并不了解,不能真实地表达自己的意愿,而且对于征集人与股东各自的权利义务语焉不详,没有明确相关的法律责任,在很大程度上不利于维护股东的权利。因此,许多上市公司在委托书公告中同时会设计另外一份较为规范的表格,如表3-2所示。

表 3-2 授 权 委 托 书

(注:本表复印有效)

征集人声明:征集人已按照中国证监会和证券交易所的相关规定编制并披露了《董事会投票委托征集函》,征集人承诺将亲自出席相关股东会议并按照股东的指示代理行使投票权。

委托人声明:本人是在对董事会征集投票的相关情况充分知情的条件下委托征集人行使投票权。在本次相关股东会议登记时间截至之前,本人保留随时撤回该项委托的权利。将投票权委托给征集人后,如本人亲自或委托代理人登记并出席会议,或者在会议登记时间截至之前以书面方式明示撤回原授权委托的,则以下委托行为自动失效。

委托人声明:本人已详细阅读有关本次相关股东会议投票权委托征集函及同意受托人按照本委托书的投票指示代理本人行使相关股份的投票权。

上市公司名称	××××公司	股票代码	××××
受托人名称		相关股东会议名称	××××年A股市场相关股东会议
委托人姓名或名称		委托人身份证号码（法人股东请填写其法人资格证号）	
委托人股东账号			
委托人持股数量		委托投票的股份数量	
委托指示			
征集的议案	赞成	反对	弃权
公司股权分置改革方案			
年度盈余分派方案			
增加公司注册资本方案			
（注：请对该表决事项根据股东本人的意见选择赞成、反对或者弃权，并在相应栏内划"√"，三者必选一项；多选，则视为该授权委托事项无效；未作选择的，应明确表示征集人是否有权按自己的意思表决，否则视为该授权委托事项无效。）			
委托人（自然人股东签字\\法人股东法定代表人签字并加盖法人公章）： 委托日期：			

五、征集行为中的信息披露

证券市场监管的核心是公开原则，信息披露是代理权征集的核心。为了保证各派在宣传材料中实事求是地阐述自己的观点，充分地向股东公开该候选人的背景，并公布与投票表决的问题有关的各种资料，信息披露是非常必要的。在代理权征集过程中，征集人需要建立充分的信息公开制度，向股东披露征集人自身的资料、征集委托书的目的、征集人所拟支持董、监事候选人等的重要资料，这些信息共同构成了代理说明书的主要内容。这些内容也将成为一般股东尤其是中小股东对征求委托书作出接受或拒绝决定的重要依据之一。另外,信息披露机制的确立,有助于避免征集人滥用代理权征集干预公司经营,不当获取公司控制权。因此,各国证券法大都对代理权征集中的信息披露问题进行了明确限定。

1934年,美国联邦《证券交易法》第14(a)条规定,任何人为了争取选票向股东散发材料,必须提前10天将准备散发的材料上报给联邦证券交易委员会登记。公司的管理机构拉选票上报给联邦证券交易委员会的等级材料称为"Schedule 14A",其中必须包括的信息为:股东大会的日期、时间和地点;代理权可否撤销;持异议股东的估价请求权;代表谁来征集委托书以及由谁来承担征集的费用;议决事项与特定人的利害关系;享有表决权的证券及其主要持有人;与选举董事会有关的材料;董事及高级职员的薪酬情况;与独立会计师的关系;红利、盈余分配及其他酬劳计划;养老金及退休计划;选择权、优先认购权及其他权利;非为交易目的所为的发行或授权发行;对证券的变更或交换;合并、购取其他公司经营权及类似事件;对资产的处置和账户的调整;对公司经营者各种报告的决议案;股东会议细则;依法无须提交股东会决议的事项;公司章程、细则和其他文件的修改,以及除选举董事及连任检查人事项外,其他提请股东会决议的事项获得股东会表决通过所需的票数等事项。另外,《投票委托劝诱实施细则》第14a-3规定,在征集前或与之同时,征集者必须遵照附表"Schedule 14A"的内容提供给SEC和目标股东书面的委托说明书,否则禁止对任何证券持有人进行征集。如果征集是由经营者作出的,同年度大会有关并包括董事选举,那么还必须向股东送交年度报告。

我国台湾地区《公开发行公司出席股东会使用委托书规则》也对代理权征集过程中的信息披露问题进行了较为详细的规定,一方面规定征集人需将自身的相关资料按照规定程序进行备案;另一方面也对代理权征集说明书的内容作了明确规定,列出了信息披露的具体事项①。

我国大陆地区《股票发行与交易管理暂行条例》第 65 条规定:"股票持有人可以授权他人代理行使其同意权或者投票权。但是,任何人在征集二十五人以上的同意权或者投票权时,应当遵守证监会有关信息披露和作出报告的规定。"《上市公司治理准则》第 10 条规定:"上市公司董事会、独立董事和符合有关条件的股东可向上市公司股东征集其在股东大会上的投票权。投票权征集应采取无偿的方式进行,并应向被征集人充分披露信息。"上述两个法律文件对于代理权征集中的信息披露问题作了原则性的规定,但是,究竟征集人需要披露什么内容,依照什么程序进行披露,并未明确。因此,我国的代理权征集立法应当在参照证券市场信息披露的基础上,明确将代理权征集中的如下重大事项作为法定披露内容。

(一) 征集人自身情况的披露

征集者是公司经营者的,应当充分披露公司经营活动及经营者的背景、资格;征集者是其他股东的,应当披露征集人的名称(姓名)、

---

① 该规则第 8 条规定:"征求委托书之书面及广告,应载明下列事项:一、对于当次股东会各项议案,逐项为赞成与否之明确表示;与决议案有自身利害关系时并应加以说明。二、对于当次股东会各项议案持有相反意见时,应对该公司有关资料记载内容,提出反对之理由。三、关于董事或监察人选任议案之记载事项:(一)说明征求委托书之目的。(二)拟支持之被选举人名称、股东户号、持有该公司股份之种类与数量、目前担任职位、最近三年内之主要经历与公司之业务往来内容。如系法人,应比照填列负责人之资料及所拟指派代表人之简历。(三)征求人应列明与拟支持之被选举人之间有无本法施行细则第 2 条所定"利用他人名义持有股票"之情形。四、征求人姓名、身份证字号、住址、股东户号、持有该公司股份之种类与数量、征求场所、电话及委托书交付方式。如为法人,应同时载明营利事业登记证号码及其负责人姓名、身份证字号、住址、持有公司股份之种类与数量。五、征求人所委托代为处理征求事务者之名称、地址、电话。六、征求取得委托书后,应依股东委托出席股东会,如有违反致委托之股东受有损害者,依民法委任有关规定负损害赔偿之责。七、其他依规定应揭露之事项。征求人或受其委托代为处理征求事务者不得于征求场所外征求委托书,且应于征求场所将前项书面及广告内容为明确之揭示"。

注册地(住址)、注册资本和主营业地(职业)、其与股票发行人的关系、持股情况等。

(二)有关召开股东会议和决议事项的披露

征集者应告知被征集者股东大会召开的时间和地点、委托书的可撤销性、股东的权利、将于股东大会上表决的事项及与特定人的利益关系、表决权股份及大股东持股情况、董事和高级职员的名单及报酬、公司财务及其他重大经营情况等。

(三)有关董事、监事改选决议事项的披露

如果委托书的征集是为改选董事、监事,应当披露有关公司的董事、监事的身份及背景信息,尤其是被推荐人的既往业绩履历及其与征集人的关系。此外,应披露年度报告,报告中则应至少包含有经审计的最近两年的财务报表,最近两年的每一季度有关公司的股息及证券的出售价格的信息,最近五年公司营运情况总结以及管理层的分析。

六、征集投票权的数量

所谓征集投票权的数量,是指征集人在一次征集行为中可以征集多少数量的表决权,或称在一次征集中可以代理多少股权数。对于征集人所征集的投票表决权的数量,是否应当加以限制,以什么标准加以限制,不同的国家和地区的法律、法规有不同的回答。美国的相关法律,对通过征集投票权行为所获得的委托投票权的数量没有限制,我国台湾地区对于这一方面则有严格规定。我国台湾地区将表决权代理区分为积极代理与消极代理。消极代理在我国台湾地区被称为非属征求,是指代理人的代理权限的获得并非自己主动取得,而是委托人主动委托而取得的,也即投票代理权制度;积极代理是代理人通过引诱委托人授权的方式主动攫取的代理权。依据《出席相关股东会议授权委托书》的规定,征集人征集投票权的数量因是否属

股东投票代理权征集制度的法律分析

于非属征求而不同①。

对代理权征集的数量是否有必要进行限制,学界有不同的观点,可以分为肯定说与否定说。肯定说认为,把委托书征集限制在一定的范围内,可以克服其所带来的弊端,因为不加限制的委托书征集制度可能被滥用,从内外两个方面损害股东会的功能。一方面,公司管理层会利用这一制度长期控制公司的经营,股东和股东会对其奈何不得,从而失去了对其监督,这在根本上是损害了股东的利益。另一方面,反对团体或部分股东为谋取私利而利用委托书征集制度夺取公司控制权,插手董事会,会对公司造成不当干预②。否定说认为,对委托书的管理采取保守的做法,对委托书征求人的资格及其可代理的股权数加以严格限制,这种规定使得不满意公司经营管理的股东,无法或难以利用委托书制裁现任董事、监事。相反,现任董事、监事却可以利用委托书永保权位而为所欲为③。本书认为,代理权征集作为公司控制权争夺的重要工具,对于优化股东大会力量、转移公司经营权、监督公司董事、高管行为都会产生相当大的影响,然而,这一工具性制度如果被滥用的话,也会对上市公司产生巨大的负面影响,因此,在竞争与稳定的价值目标面前,如何选择代理权征集制度的立法取向,是一个仁者见仁、智者见智的问题。如果对代理权征集

---

① 《出席相关股东会议授权委托书》第 20 条规定:"征求人除本规则另有规定外,其代理之股数限制如下:一、征求人系董事或监察人被选举人或该次股东会无选举董事或监察人之议案者,其代理股数不得超过公司已发行股份总数之百分之三。二、征求人系支持他人竞选董事或监察人者,其得代理股数不得超过公司已发行股份总数之百分之一。而第 13 条对非属征求中的数量进行了规定:非属征求委托书之受托代理人除有第 14 条情形外,所受委托之人数不得超过三十人。其受三人以上股东委托者,应于股东会开会五日前检附声明书及委托书明细表一份(附表七),并于委托书上签名或盖章送达公司或其服务代理机构"。

② 殷召良:《公司控制权法律问题研究》,法律出版社 2001 年版,第 178 页

③ 李翠颖:《论台湾证券法关于委托书征求人的资格及其可代理股数限制的规定》,载《财经理论与实践》2002 年。

行为所能征集的股权数量加以限制,势必影响代理权征集制度作用的应有发挥,从而在根本上扼杀该制度的特有功能;如果对征集数量不作限制,任由征集人大量征集投票表决权,有可能会影响公司经营管理秩序的稳定性,但是代理权征集制度是否会因此而被滥用,则有疑问。正如前文所述,代理权征集制度与公司并购相比,尽管在成本方面较为低廉,但是仍然需要花费大量的人力、物力与财力,如果真的出现大规模的征集行为,且股东响应积极的话,其原因若非是征集人的征集行为更有号召力、说服力,则是公司的经营管理或者业绩不尽如人意,此时,代理权征集将会真正发挥优胜劣汰的作用。基于这一理由,本书认为,对于代理权征集的数量无需进行限制,只是在涉及大规模的征集行为时,法律应设定一个由政府监管部门介入的门槛,以及时处理大规模征集中征集人的信息披露、股东权利保护等问题。因此,我国《股票发行与交易管理暂行条例》的规定具有一定的合理性,其第65条规定:"股票持有人可以授权他人代理行使其同意权或者投票权。但是,任何人在征集二十五人以上的同意权或者投票权时,应当遵守证监会有关信息披露和作出报告的规定。"

第三节 投票代理权的授予及其行使

代理权征集制度脱胎于股东投票表决权代理制度,但又不同于后者。如果股东投票表决权代理制度是股东参与意思与能力的扩张,代理权征集则是股东意思扩张的延伸,是规模化、集团化反映股东尤其是中小股东意志的一种载体。在传统的投票代理权征集中,股东是否赋予第三人代理权,是股东私人的事务,股东处于主动的地位,代理人完全以被代理人的名义和意志行使代理权,无论在代理关系的形成还是代理权的行使方面,都主要体现股东的意志,而且这种代理关系只关乎股东个人的利益,并不能对股东大会的决议产生实

股东投票代理权征集制度的法律分析

质性的影响；在代理权征集中，股东的地位由完全主动向被动转变，股东需要考虑的是是否需要选择代理人、选择谁做代理人等问题，并且不需要再像一般的表决权代理中主动物色合适的代理人人选，因为在股东面前已经有了一大批在相互竞争的征集人；相反，征集人在代理权征集中则处于主动地位，他们通过演讲、广告、新闻发布、电话、拜访等各种宣传方式游说股民，期望能征集到足够数量的代理权，并且将征集到的代理权在股东大会上集体行使，以求股东大会通过符合自己意愿的议案或选出代表其利益的董事。

尽管代理权征集法律关系的构造要比表决权代理复杂，但是，代理权征集制度与表决权代理制度在基本的制度设计方面仍然一致，这种一致性主要体现在代理关系的形成和代理权的行使方面。下面，我们将对代理权征集中代理关系的形成与代理权的行使问题进行探讨。

一般而言，自然人股东的股权可以由其本人亲自行使，本人因故不能亲自行使时，可委托他人代理行使。法人股东的股权除可由法定代表人行使外，一般由指定代理人行使。尤其是在股份有限公司中，由于股东人数众多，加之股东位置分散、投资有限，实际上很少有股东有足够的时间、金钱和兴趣参加股东大会，这使得委托代理人行使股权已经成为股份有限公司股东参与公司决策程序的典型模式。应当注意的是，表决权代理只适用于记名股票，不适用于无记名股票。无记名股票当然也存在股东委托他人代理行使权利的问题，但这种代理只在股东与代理人之间发生法律关系，该种代理关系的效果不及于公司。因为无记名股票的持有人推定为权利人，持有无记名股票的人可以直接行使表决权，无须向公司证明其享有代理权[1]。

在表决权代理过程中，股东委托代理人行使表决权时，代理人应

---

[1] 施天涛：《公司法论》，法律出版社 2005 年版，第 389 页。

当向公司提交股东授权委托书,即股东对表决权代理的授予应以书面形式为之。同理,在代理权征集行为中,征集人会事先将统一由公司印制的授权委托书交至被征集人处,由被征集人按照征集人征集公告和授权委托书所要求的方式填写,当被征集人将授权委托书填写完毕并交至征集人处时,视为股东对征集人进行了授权,征集人转变为代理人,股东转变为被代理人,双方形成了代理关系。股东填写完毕的授权委托书成为记载双方权利义务的凭证,也成为征集人参加股东大会并代理股东行使表决权的书面依据。在这一法律关系中,仍有以下问题需要探讨。

一、代理的方式

在传统民法理论中,以代理权是否被限定为标准,代理可以分为概括代理与限定代理。概括代理又称一般代理、全权代理,是指代理权范围无特定限制之代理;限定代理又称特别代理、部分代理,是指代理权有特定限制之代理。为了防止代理人滥用代理权,肆意侵害股东利益,传统公司法理论普遍认为,股东授予代理人代理权时,代理权的授予必须明确,不允许代理人全权代理股东权利。

《公司法》第106条规定:"股东可以委托代理人出席股东大会,代理人应当向公司提交股东授权委托书,并在授权范围内行使表决权。"《上市公司章程指引(2016年修订)》第61条规定:"股东出具的委托他人出席股东大会的授权委托书应当载明下列内容:(一)代理人的姓名;(二)是否具有表决权;(三)分别对列入股东大会议程的每一审议事项投赞成、反对或弃权票的指示;(四)委托书签发日期和有效期限;(五)委托人签名(或盖章)。委托人为法人股东的,应加盖法人单位印章。"由此可见,我国立法层面不仅禁止概括代理,而且明确了代理权的授予方式,即股东不能将全部表决事项的意见笼统地授予代理人,还必须是分别作出授权。

但是,与表决权代理不同的是,在代理权征集活动中,股东对某一表决事项的意志并非完全基于股东个人利益考虑所形成,其意思更多的受代理人的宣传游说之后作出的,这种反映了代理人意志的授权是否会充分实现股东的意思自由呢?我们认为,尽管代理权征集中的股东授权与一般的股权代理有异,但这并不足以影响代理权征集中股权代理的合理性,原因在于,在代理权征集过程中,征集人为了征求更多的股东支持,相互之间往往会形成竞争,这为股东辨别征集人说服力的大小和实力的优劣提供了良好的机会,股东完全可以依据自身情况和利益作出是否授予代理权、授予谁代理权的决定,因此,即便最终授权与代理人的利益趋向一致,这也并不妨碍股东权利的保护和实现。另外,尽管股东与代理人对议案的观点一致,股东在授予代理人表决权时,也必须遵照相关法律、法规的规定进行限定授予,而不能概括授予。

二、授权的期限

对于代理权授予的期限,不同国家有不同的立法例,例如日本《商法》第239条(3)规定:"股东授予前款的代理权应就各次股东全会实行",我国台湾地区《公司法》第177条第1款规定:"股东得于每次股东会,出具公司印发之委托书,载明授权范围,委托代理人,出席股东会"。我国大陆地区公司立法对股东授予代理权的期限未作明确规定,《公司法》第106条规定:"股东可以委托代理人出席股东大会,代理人应当向公司提交股东授权委托书,并在授权范围内行使表决权。"

在代理权征集中,征集人代为行使股东表决权应以多长时间为期限?我们认为,在代理权征集活动中,由于征集人的征集行为具有较强的目的性、主动性,其征集行为所征集的代理权往往是为了在一次股东会议或者一个议案上集中行使,发挥集团化优势来实现自己的意图,这与股东在一段时期内将表决权授予他人代为行使的目的不完全一致,因此,从保护股东利益、限制征集人滥用权利的角度出发,代理权征集中的股东授权应以一次为限。当然,这并不排除股东与征集人另行约定授权期限。例如,证监会发布的《上市公司章程指引(2006年修订)》第61条规定:"股东出具的委托他人出席股东大会的授权委托书应当载明下列内容:(一)代理人的姓名;(二)是否具有表决权;(三)分别对列入股东大会议程的每一审议事项投赞成、反对或弃权票的指示;(四)委托书签发日期和有效期限;(五)委托人签名(或盖章)。委托人为法人股东的,应加盖法人单位印章"。其在第(四)项明确了股东在授权委托书中应当载明委托书的有效期限。

三、代理权的撤回

代理权的撤回是代理权丧失效力的原因之一。代理权失效的原因除了被代理人撤回代理权外,还有代理人撤销代理权、代理权限过期、越权代理等多种复杂的因素。代理权的撤回是指被代理人以自己的意思单方面消灭代理权的意思表示。代理权的撤回对于代理人和被代理人双方的利益至关重要,对于被代理人而言,其可以亲自出席股东大会并行使自己的权利;对于代理人而言,其因代理权的失效而相应解除了对被代理人的义务。但是,对于代理权征集中的代理人而言,代理权的撤回则意味着代理人可能丧失撤销代理权股东的支持。

代理权是否可以撤回?代理权的产生原因多种多样,或基于法律规定而当然发生,或依法院或其他权力机关指定而发生,或依本人授权行为而发生。公司法中的股东投票权代理制度的产生原因,在于股东的单方授权行为。这种授权行为是股东对于代理人授予代理权的单方意思表示,并不要求受托人的同意,可见,这种授权行为具有独立性,不同于委托合同中的双方合意行为。因此,股东在授予代理人代理权后，原则上可以随时撤回代理权限，取消代理人的代理资格，这种撤回可以通过多种方式表示出来，包括明示撤回、授予第三人代理权、亲自行使表决权等行为。代理权一旦撤回，代理人的代理地位取消，双方之间的代理关系消灭。这是一般表决权代理中代理权撤回的效果，但是，在代理权征集中，股东是否可以单方面撤回代理权限呢？产生这一疑问的原因在于，在代理权征集活动中，股东处于消极地位，其授予征集人以代理权往往带有被动的性质，并且如果把代理权征集活动看作是征集人与股东之间的一个契约的话，征集人的征集行为可以视为要约，股东的授权行为可以看作是一个承诺，这样双方之间就会达成一个代为行使代理权的协议。在这一理论框架内，如果允许股东享有单方撤回代理权的权利，是否意味着允许股东单方面违约？

对此，我们认为，代理权征集制度区别于表决权代理的最大特征在于，征集人通过各种方式征集到代理权后将其集中行使，以此来获取在股东大会中的较多支持，其主要目的在于利用中小股东的表决权来为自身利益（如果是董事会，则是为公司利益）服务，在此基础上才能兼顾股东尤其是中小股东的权益，这意味着在征集人与股东达成的代为行使表决权的契约当中，获益较多的是征集人，其所支付对价是为获取众多股东代理人的地位而付出的成本；而合同的相对方股东尽管因征集人的征集行为而实现了自己所持股份中的共益权权能，但是在无偿征集的法律限制下，股东并不能从征集人那里享受到具体的利益或好处。因此，对于股东而言，其在作出授予代理权的决定之后，仍然可以依照代理制度的一般理论，随时单方面撤销代理权。这一点也是许多上市公司征集代理权公告中的必备条款，许多上市公司在其公告中都会载明如下或类似内容："委托人声明：本人是在对董事会征集投票的相关情况充分知情的条件下委托征集人行使投票权。在本次相关股东会议登记时间截至之前，本人保留随时撤回该项委托的权利。将投票权委托给征集人后,如本人亲自或委托代理人登记并出席会议,或者在会议登记时间截至之前以书面方式明示撤回原授权委托的,则以下委托行为自动失效。"

另外,一些公司法学者认为,在股东投票代理权制度中,也存在着一些不可撤销的代理权,如果一项代理权满足如下要件,可以认为其不可撤销:①明确声明代理权委托不可撤销;②与某种利益相联系[①];③这一利益在法律上是有充分有力的支持的[②]。

四、投票代理权的行使

投票代理权的行使是代理权征集的最后环节,也是征集人征集代理权的最终目的。从征集人展开征集行为,到股东授予征集人投票代理权,再到征集人以代理人身份代为行使投票权,这一系列过程展现了代理权征集制度的动态性与阶段性。征集人在代理股东行使投票权的时候,需要同时遵循民法上代理理论的相关规则和公司法上股东行使投票权的相关要求。前者要求征集人在转化为代理人之后,其行为应以被代理人名义为之,代理人行使代理权应在代理权限范围内进行,并且代理人应尽到职责所要求的谨慎和勤勉,维护被代理人的利益;后者要求代理人在股东大会中行使表决权时,应当向公

---

① 作者指出:下列类型的代理权委托,曾被判例法国家法院认定是"与利益相联系的":①根据某种有效的股份抵押而委托债权人为代理人;②根据某种法律效力的买卖合同,委托已经同意购买股份的人为代理人;③委托一个已经借款给公司或者已经向公司支付有价值的财产的人为代理人;④委托一个已经签订合同将作为高级职员为公司提供服务的人为代理人;⑤为了实施一项有效的表决权拘束协议的条款而委托的代理人。参见梁上上:《论股东表决权——以公司控制权争夺为中心展开》,法律出版社2005版,第185页。

② 作者认为:"与某种利益相联系"以及"这一利益在法律上是有充分有力的支持的",都是极为模糊的概念,这需要法官在具体的案件中根据公平正义原则作出具体的判断。梁上上:《论股东表决权——以公司控制权争夺为中心展开》,法律出版社2005版,第185页。

司提交本人有效身份证件、股东授权委托书,并按照《公司法》与公司章程的要求,对股东大会议案表明赞成与否的意思表示。

当征集人与股东利益发生冲突时,应当如何协调两者之间的关系?一般而言,在代理权征集活动中,能够授予代理权给征集人的股东,其对于股东大会决议的态度应当与征集人一致,因为股东的授权行为在很大程度上是受征集人的劝说、游说而作出的。但是,仍然存在一些例外情况,例如,股东对于征集人的意见可能不完全赞同,此时如果股东在授权委托书中将所持股份代表的表决权全部授予股东,会出现股东的意思与征集人目的相反的情形。在这种情况下,征集人作为代理人应当严格按照股东授权内容行使表决权,如果代理人没有按照授权内容行使表决权、放弃表决权或者与授权指示相反的意思行使表决权,代理人应当对股东承担损害赔偿责任。

第四节 代理权征集中的法律责任与救济

任何一项强制性法律规范,若想得到各方当事人的认真执行,那么完善的法律责任规定便不可缺少。代理权征集作为成熟证券市场中一项被广泛运用的工具性制度,由于牵涉着大量股东尤其是中小股东的切身利益,并时刻影响着上市公司的正常管理秩序,因此,在代理权征集制度比较成熟的国家,较完善的法律责任必定是代理权征集规则中的一个重要组成部分。一般而言,在代理权征集活动中,主要存在着民事责任和行政责任两种责任形式,前者如征集人的违约责任,后者如征集人的虚假陈述责任等。

有责任必有救济。随着代理权理论的不断发展与实践案例的增多,股东作为弱势群体的相关权益也受到越来越多的重视,从而衍生出了股东提案制度、诉讼救济等一系列股东权利保护的途径和手段,这也是本部分内容探讨的一个重点。

第三章　代理权征集制度的本体分析

一、代理权征集中的法律责任

（一）征集人的民事责任

在代理权征集中，征集人与股东之间存在一个契约关系，契约的主要内容是：征集人取得股东代理人的地位，代理股东行使表决权；股东授予征集人投票表决权，由征集人代其出席股东大会并行使代理权。尽管在多数情况下这一契约是无偿的。因此，在征集人与股东达成这一契约以后，双方之间便存在了相应的权利义务关系，或者称为是合同关系，任何一方违反了合同的约定，都要承担相应的违约责任。例如，征集人在取得股东投票代理权后，应当依照股东的委托出席股东大会，并且按照股东的指示代理行使投票表决权。但是，现实中存在某些征集人征得委托书后不出席股东大会的现象，甚至出现代理人与股东利益冲突的现象，即代理人在与股东意见不一致时，违反股东意思而行使表决权。在类似此种情况下，如果对股东造成损失的，代理人应当承担赔偿责任。

我国《民法通则》第 66 条第 2 款规定："代理人不履行职责而给被代理人造成损害的，应当承担民事责任。"这一规定是代理人在代理活动中承担责任的总原则，也是征集人作为代理人在代理权征集行为中必须遵循的要求。《民法总则》进一步明确了代理人的责任，于第 164 条规定："代理人不履行或者不完全履行职责，造成被代理人损害的，应当承担民事责任。代理人和相对人恶意串通，损害被代理人合法权益的，代理人和相对人应当承担连带责任"。但是，对于代理人究竟应以何种归责原则进行处罚呢？笔者认为，应当参照委托合同的相关规定进行分析。《合同法》第 406 条规定："有偿的委托合同，因受托人的过错给委托人造成损失的，委托人可以要求赔偿损失。无偿的委托合同，因受托人的故意或者重大过失给委托人造成损失的，委托人可以要求赔偿损失。"这一条款确立了委托合同中受

股东投票代理权征集制度的法律分析

托人的责任采用过错归责原则,成为合同法上合同责任以无过错责任为主要归责原则的例外。比照这一规定,也应对代理权征集中代理人的责任采用过错责任原则进行衡量,在代理人主观上存在过错时,按照其过错程度要求其承担损害赔偿责任。另外,当代理人和第三人串通、损害被代理人的利益时,代理人和第三人应当负连带责任。

(二) 股东的民事责任

在代理权征集中,股东是被代理人,其授权给征集人表决权后,即表明股东承担了一定的义务,此种义务不仅仅对代理人存在,更主要的是对公司和第三人而存在。例如,实践中经常会出现这样的情况,股东在收到征集人发来的空白授权委托书后,并未严格按照空白授权委托书的要求作相应记载,这样经常会产生授权委托书记载不明的状况。在这种情况下,代理人如何行使股东的表决权?股东是否需要承担相应责任?

本书认为,股东填写授权委托书时,应当确保记载事项完整、准确。但是,当股东对空白授权委托书并未进行全部记载,特别是一些重要的记载事项如授权期限、授权范围等未进行明确记载时,原则上代理人应当严格依照股东已经记载的事项代理行使权利;对于未记载事项,如果授权委托书载明"如果股东不作具体指示,股东代理人可以按自己的意思表决"等类似内容,或者出现如果不及时行使表决权将严重损害股东利益的情况时,代理人可以依照自己的意思行使代理权,并应尽到善良管理人义务,如及时报告股东、一切利益归股东等义务;在其他情况下,代理人应按照所记载事项进行代理;对于未记载事项,代理人无权处分。

那么,在出现授权委托书记载不明的情况时,作为被代理人的股东是否需要承担责任?如果股东因为明确放弃自己的权利而不对授权委托书进行记载,则股东无需承担责任。但是,如果是因股东疏忽而造成记载不明,并且给第三人造成损害的,股东是否应当承担相应的损害赔偿责任?《民法通则》第65条第3款规定:"委托书授权不明的,被代理人应当向第三人承担民事责任,代理人负连带责任。"这意味着,股东需要首先向第三人承担主要的赔偿责任,如果股东无力赔偿,代理人应承担补充性的连带责任。需说明的是,正在起草中的民法典对被代理人授权不明的情况进行了更为细致的区分,《民法总则》在第七章"代理"章节中,首先删除了《民法通则》第65条第3款中"委托书授权不明的,被代理人应当向第三人承担民事责任,代理人负连带责任"的规定,并采取了被代理人主观上是否明知的标准,来界定授权不明时的责任分担机制。根据《民法总则》第167条的规定,如果被代理人知道或者应当知道代理人的代理行为违法未作反对表示的,被代理人和代理人应当承担连带责任。同时,根据《民法总则》第171条、第172条的规定,除了被代理人主观上知道或者应当知道的情形之外,行为人没有代理权、超越代理权或者代理权终止后,仍然实施代理行为的,一般情况下按照被代理人是否进行了追认进行效力认定;但如果相对人有理由相信行为人有代理权的,代理行为有效。由此可见,在代理权征集活动中,如果授权委托书因股东主观原因而记载不明,并且给第三人造成损害的,股东应当承担相应的损害赔偿责任,但如果非因其主观因素而出现记载不明之情形,根据《民法总则》,则应区分不同情况进行具体认定。

另外,在代理权征集中,应明确被征集大股东的注意义务和忠实义务。所谓注意义务,是指大股东授予委托书征集者投票代理权时应对征集者的动机和声誉作积极调查,除非这种调查结果在一个理智的人看来不存在欺诈的动机或结果,否则,大股东必须停止这种授权行为;所谓忠实义务,是指大股东不得不正当地授予委托书征集者投票代理权而从中谋利。原因在于,大股东往往是征集者进行代理权征集的第一目标,大股东授予征集者投票代理权,实际上就是在一定时期,把某次控制股东大会决议内容的权利转移给征集者,在这种权利交接的过程中,大股东应当履行注意义务和忠实义务,这也是大股东义务在公司治理中的特定体现。

(三) 信息披露不实的行政责任

投票代理权的征集是以多数股东为对象,并集团性地进行。大部分股东对征集人及征集目的毫无所知,在信息的取得上处于劣势,投票行为往往不能反映出其真实的意思。所以,为了尽可能地反映出股东真实的意思,对代理权征集中的相关行为进行信息披露成为保护股东利益的关键。正因为如此,许多国家都将信息披露问题视为代理权征集的核心规则。如果征集人为达到征集委托书的目的,在委托书或征集材料中披露虚假的、令人误解的信息而诱导被征集者对其授权,征集人不仅要承担相应的民事责任,还要承担有关的行政责任,接受相应行政机关的处罚。例如,美国《投票委托劝诱实施细则》第14a-9就是有关信息披露中的反欺诈条款,该条规定:"受本规定管辖的所有投票委托劝诱,在其所制作的材料和授权书中对有关的重要事实作虚伪或误导性陈述,或忽略重要事实以使该材料构成虚伪或误导性陈述,或忽略必要的纠正以致先前发送的材料构成虚伪或误导性陈述,就构成非法。"我国《股票发行与交易管理暂行条例》第65条规定:"股票持有人可以授权他人代理行使其同意权或者投票权。但是,任何人在征集二十五人以上的同意权或者投票权时,应当遵守证监会有关信息披露和作出报告的规定。"《上市公司治理准则》第10条规定:"上市公司董事会、独立董事和符合有关条件的股东可向上市公司股东征集其在股东大会上的投票权。投票权征集应采取无偿的方式进行,并应向被征集人充分披露信息。"上述两个法律文件对于代理权征集中的信息披露问题作了原则性的规定,但是,究竟征集人需要披露什么内容,依照什么程序进行披露,并未明确,对于信息披露不实的责任也未明确规定。依据上位法优于下位法的原则,代理权征集中信息披露的相关规定,应当适用《证券法》的有关条款。

二、股东权利的救济

有责任必有救济。随着代理权征集理论的不断发展与实践案例的增多,股东作为弱势群体的相关权益也受到越来越多的重视,从而衍生出了股东提案制度、诉讼救济等一系列股东权利保护的途径和手段。

(一)股东提案制度

股东提案制度是指符合一定条件的股东,有权提出议案刊登于公司寄交给股东的委托书资料中,作为各股东行使表决权时的参考。股东提案制度主要存在于董事会等公司内部主体作为征集人进行征集的场合,有利于公司倾听不同股东对公司事务的观点。同时,股东提案制度也是公司某些股东试图影响其他股东行使表决权的一种方式,若某个股东的提案能够体现或者增加绝大多数股东在公司的利益,那么这个提案将会得到众多股东的支持,当然就起到让股东们对公司决策施加影响的作用。另外,股东提案制度也是公司民主的一种形式,为中小股东提供了一种参与公司经营管理的途径,中小股东可以通过股东提案制度发表对公司经营管理的意见和建议,在一定程度上能够激发众多小股东参与公司事务、关心公司经营的热情。

美国是较早实行股东提案制度的国家。美国《投票委托劝诱实施细则》第14a-8指出,为使股东有机会利用委托书表达意见,该提案人得请求公司将其所拟提出讨论的议案,刊载于公司寄交各股东的委托书征集说明中,以供各股东投票表决时作参考。该条规定:"持有公司股份1%以上或持有股份的市场价值达1 000美元以上并且持有期限在1年以上的股东,有权要求在劝诱材料中列入不超过500字的股东建议。"此外,日本等国家也先后从美国引入了这一制度。

（二）诉讼救济

在代理权征集活动中，相对于作为股东权利的事前救济途径的股东提案制度而言，当股东权利因征集人的不当行使而受到损害时，诉讼就成为股东进行事后救济的必然途径。股东权利意义上的股东诉权是指股东对损害公司利益和股东利益的行为有向人民法院提起诉讼的权利。本来，股权作为法律意义上的权利本身就包含了诉权的内容，即股东权利不能实现或受到侵害时可以通过诉讼来获得救济和保护的权利。但《公司法》根据公司的特殊情况又专门规定了股东诉权，这同样也是代理权征集中股东通过诉讼寻求保护的指南。

《公司法》中的股东诉权包括股东直接诉讼权和股东代表诉讼权，前者是股东为维护自身利益而提起的诉讼，后者是股东为维护公司利益而提起的诉讼。代理权征集中的股东诉讼主要指前者，并且大致可以分为撤销决议之诉和损害赔偿之诉。我国《公司法》第22条第2款规定："股东会或者股东大会、董事会的会议召集程序、表决方式违反法律、行政法规或者公司章程，或者决议内容违反公司章程的，股东可以自决议作出之日起六十日内，请求人民法院撤销。"根据这一规定，如果代理人因征集手续存在瑕疵、表决程序不符合《公司法》之规定、滥用代理权或者对股东进行欺诈等原因，严重损害股东利益并导致股东大会、董事会决议存在瑕疵时，股东可以依据相关法律、法规之规定，请求法院撤销或变更股东大会、董事会的决议。《公司法》第152条规定："董事、高级管理人员违反法律、行政法规或者公司章程的规定，损害股东利益的，股东可以向人民法院提起诉讼。"根据这一规定，如果公司董事会通过代理权征集活动实施了有损股东利益的行为时，股东同样可以要求董事、高级管理人员等征集人对股东进行损害赔偿。

需要注意的是，代理权征集中的诉讼与所谓的"代理权诉讼"存在一定差别。近年来,随着我国证券市场的发展,股东权利保护的观念逐步受到重视,长期以来股东权利尤其是中小股东权利肆意遭受侵害的情况开始扭转,股东以法律手段维权者不在少数。在这种背景下,由律师提起的代理权诉讼案例也时有发生。例如,当某家上市公司股民特别是中小股民的利益受到不法侵害时,经常会有律师主动地、公开地向股民发出征集公告,来征求该上市公司股民的股东大会提议权、提案权、表决权和股东代表诉讼代理权等权利,并通过集中行使征集到的股民的权利来影响股东大会的决议,直至提起诉讼。严格而言,代理权诉讼也是代理权征集的一种形式,是中介机构作为征集人提起的诉讼,应当遵循代理权征集的一般规则。但是,这与本书此处所指的股东直接诉讼仍然有所不同,代理权诉讼是律师作为征集人代理股东向侵权主体提起诉讼,此处所讲的股东直接诉讼是指股东在代理权征集活动中因征集人损害股东权益而提起的诉讼,两者的诉讼法律关系主体存在差异。

第四章 代理权征集制度的实证分析

第一节 海外的实践与立法

一、代理权征集制度在海外市场实践中的总体特点

（一）投票代理权征集的方式多种多样

一般而言，境外的代理权征集方式更为多样化，包括：①直接接触股东，然而只有在股东为大股东或机构投资者的情况下方可采取这种方法，否则成本太高。②向证券经纪商、银行征求。美国于1954年对27家公司的一项调查表明，证券经纪商掌握已发行股票的23%，不过由于机构投资者的兴起，这一比例已经下降；在德国，其独特的银行导向模式使得征集人主要是向银行发送征求书，取得银行等金融机构的支持。③通过媒体广告的方式征求。随着现代高科技的发展，以及网络化的广泛运用，现在的委托书主要是通过网络、电视、报刊等媒体发布，这些方式成本低廉、快速、涉及面广，也不必受限于公司独占股东名册的劣势，因而获得了广泛的采用。采用这种方式唯一不足的是，由于委托书的发布是采用公告的方式，在合同法上是要约邀请，是针对不特定人的，因而其说服力不如个别接触的

强,不易获得委托人的信任。

(二) **强调机构投资者的作用**

在发达国家,机构投资者规模极大,是上市公司的主要股东。根据1988年的统计,在纽约股票交易所上市的500家最大的公司中,机构投资者占有的股份平均超过50%,在有的公司中机构投资者占有的股份甚至超过80%。机构投资者的主要任务是投资,赚取投资回报,而不是介入公司的经营管理,但这并不是说机构投资者完全不关心公司的经营管理状况。在美国,股东对于公司事务的态度,近年来已经有所改观,尤其是大型的机构投资者更是扮演着重要角色。机构投资者,往往借由委托书战争以及股东提案制度,积极介入公司管理与监控。因为机构投资者所占的股份份额巨大,是公司的主要股东,其掌握的投票权也较多,对公司的影响力较大,运用投票权征集工具也容易获得成功,通过控股夺权,改变公司的经营策略。另外,机构投资者因为持股份额较大,不能像小股东那样在对公司管理机构不满时,可以随时抽身而退。因而,机构投资者不在万不得已的情况下是不会采用"用脚投票"这一下策的。可见,机构投资者在现代公司的管理中起着举足轻重的作用。

(三) **专业投票代理权征集公司已非常普遍**

国外的投票代理权征集制度较为成熟,大批包括券商在内的服务代理机构成为投票代理权的服务中介。越来越多的公司管理机构或意在改朝换代的中小股东,在运用投票代理权征集时都聘请专业的代理机构作为顾问,其原因有以下几点:一是监管部门的要求越来越高,监管部门颁布了许多法律、法规来管理投票委托的程序,而对于这些具体程序的规定,公司管理机构尤其是中小股东并不熟知,因而往往可能因为具体程序的疏忽没有遵章办事,使得投票权的争夺功亏一篑。二是随着证券市场的发展,公司控制权的争夺也越来越复杂,往往不仅包含一种方式的运用,而是几种方式的合并使用。如现在比较惯用的方式是先在股市上收购一定份额的股权,当资金不足时再运用投票权的征集集合其他中小股东的力量,占据优势地位。这些创新性的设计和具体操作,往往不是非专业公司或个人能力所能驾驭的,从而对专业的征集机构提出了需求;三是专业的征集机构已经日趋成熟,他们有比较丰富的经验,熟知法律、法规,其提供的专业化服务已经得到许多上市公司或企业的认可;四是由于投票权征集过程花费巨大,而往往成效不大,相比起来,专业服务公司的收费比较合理。

(四)股东提案制度已成为一种流行趋势

在 20 世纪 90 年代,股东提案制度被运用来宣传一些社会所关注的问题,如种族歧视、环境保护、公共健康等。由于这些提案涉及政策问题,超出公司一般业务或不属于公司能力范围之内,公司拒绝将其列入委托书之中,不过美国证券交易管理委员会似有维护公益性股东提案之趋势。无论如何,股东提案制度有利于提高股东参与公司事务的兴趣,保障中小股东的权益,具有积极的作用。在英国和德国也有采取类似于美国的股东提案权制度。日本为鼓励股东积极参与,在修订其《商法》时,在借鉴美国经验的基础上,增设了股东提案制度。日本《商法》第 232 条规定,自 6 个月前起连续持有已发行股份总数 1% 以上的股东或持有 300 股以上的股东,可以于开会日 6 周前,以书面请求董事会将特定事项作为大会的议题。而我国台湾地区现在的证券交易法和公司法没有关于股东提案权的规定,因而有日本学者主张在我国台湾引进股东提案制度,"股东提案权,可谓是贯彻公司社会责任的一项重要制度。如谓其为各国公司制度的发展趋势,似亦不为过。"

(五)严惩投票代理权征集中的欺诈行为

各国都很注重投票代理权征集中的信息披露原则。美国 1934 年《证券交易法》14a-9 规则规定,如果散布包含有"任何在当时和根据当时的情况是虚假的,或者误导性的关于任何重大事实的陈述,或者遗漏任何为使陈述不被误解或成为虚假所必需的,或任何为更正先前的披露所必需的重大事实的代理征集信息,那就构成非法。"股东可以就授权委托书陈述中的重大误导和虚假内容起诉,被告通常为征集陈述的制作者,可以是董事、公司或是中介代理机构。但本规则只规定了非法的情形,并未直接规定关于违反投票代理权征集行为应承担的责任,而是适用证券交易法中的相关规定,责任承担包括刑事责任和民事责任。对于违反本规则的诉讼,通常通过以下三种形式进行补偿:一是如果投票代理权征集是通过虚假或误导性的投票代理陈述的方法,那么法院可以禁止尚未发生的公司合并或其他交易;二是如果交易正在发生或正在被执行,法院可以取消此项交易;三是法院可以判决损害赔偿。综观各国立法,对于投票代理权征集中的欺诈行为均严加禁止,并加重对违法者的法律处罚[1]。

二、代理权征集制度在海外的立法借鉴

世界各国公司法均允许股东委托他人行使投票权,但对于是否允许征集表决代理权,则存在较大差异。从各国公司法立法的宗旨来看,代理权征集制度主要是为了保护中小股东能聚集分散的表决权,从而制衡控股股东和在任经营者的控制权,以达到优化公司治理的目的。因而,对于代理权的征集,各国皆从本国经济状况,尤其是以各国公司制度的持股模式、治理风格和渊源等因素为出发点进行法律规制。综观世界各国的公司治理状况,大致可以分为英美市场导向的公司治理模式、德日银行主导的公司治理模式和东亚、拉美家族控制的公司治理模式。在这些不同风格的治理模式下的代理权征集制度也呈现出不同的运作风格[2]。本书选取了英美法系和大陆法

---

[1] 王淑梅:《发达国家委托投票征集制度特点及启示》,载《求索》2004年第4期。
[2] 范黎红:《论上市公司委托书征集的法律规制》,厦门大学博士学位论文,2003。

| 股东投票代理权征集制度的法律分析

系代表性国家和地区的代理权征集立法例,对代理权征集制度在立法层面的运作作一粗浅诠释。

(一)英美法系国家和地区的代理权征集制度(以美国、英国为例)

1. 美国

代理权征集制度主要发源于美国,最初,代理权征集是在职董事为弥补因法定股份不足无法召集股东大会和作出决议而采取的一项措施。在当时的美国,各州的公司法要求召开股东年度大会,并且,除非大多数股东由委托权持有者代表,否则股东人数一般不能符合股东年度大会法定人数要求。由于这一原因,管理层一般每年至少向公司股东征集一次代理权,而征集代理权在特别股东大会被召集时使用更加频繁[①]。之后,随着经济与公司制度的发展,一些股东对公司的经营管理不再保持"理性的沉默",而是开始希望通过征集投票委托书来获得一定数量的投票权,以实现接替公司管理层的目的。与此同时,管理层和其他持不同意见的股东基于不同的目的,也开始通过征集代理权来争取选票,一旦这种征集开始,便拉开了异常激烈的拉票战的序幕。这种争夺在20世纪60年代以前颇为盛行,后来为各种接管技术所代替而显得暗淡,直到20世纪80年代,在股东积极主义等因素的作用下,才又出现了大量的代理权征集活动。目前,美国委托书征集的发生较为频繁,每年上市公司股东大会年会召开前夕,都会出现代理权征集的高潮,称为一年一度的"委托书征集季节(Proxy Season)"。

美国代理权征集规则包括了州公司法和美国联邦证券法两大部分。州公司法尽管很少有针对代理权征集的专门性规定,但股东大会制度、投票表决制度、投票权代理行使制度等公司法的基本制度是

---

① [美]莱瑞·D·索德奎斯特,胡轩之、张云辉译:《美国证券法解读》,法律出版社2004年版,第210页。

第四章 代理权征集制度的实证分析

代理权征集运作的法律基础。在州立法当中,各州出于不同的立法政策考虑,对代理权征集制度的态度与规定颇不相同,主要有以下几种情形:①禁止代理。该做法过于简单偏激,目前仅有田纳西州公司法规定:公司可以章程或内部规则禁止或限制出席股东会代理权的委托。除此之外,没有任何州绝对禁止委托书的授权。②禁止出售。有五个州规定股东不得以金钱或其他对价出售委托书。③明示代理事项。南达科他州规定:征集表决代理的说明书应明确写明所征集代理的事项,未记载于委托书的事项,代理人无权代理表决。这一规定排除了"全权代理"的授权,能使股东权利得以保障;但是代理人对于由其他股东提议的事项或会议中的临时动议,均无代理权,将使委托书的价值大受减损。④不得以不实信息征集委托书。南卡罗来纳州规定:征集委托书时,在征集资料、委托书、通知或其他通讯(包括口头或书面)中,不得有虚假或令人误解的重大事实。⑤不得考虑本人利益。1990年,特拉华州公司法修正案已准许股东以电报或其他电子传输方法委托他人行使投票表决权。表决代理人(Proxy Holder)行使表决权时必须本着"代理"的原则,出于信赖关系而履行其责,不得考虑本人利益。由于各州公司法的规定并不相同,对于州公司法对委托书征集的实质性规则难以进行划一的评价,只能留待具体制度中加以考察。

1934年,美国的《联邦证券交易法》第14条特别规定了代理权征集规则。继之,美国联邦证券管理委员会(SEC)为此专门制定了相关实施细则,予以规范。联邦立法通过要求征集者充分披露相关信息,保障投资者在知情的情况下行使投票权,防止代理权征集扭曲正常的股东大会机制,而且通过嵌入股东提案制度,使股东得以主动参与公司管理,实现公司民主。联邦立法通过平衡在野股东和现任公司董事会在委托书竞夺中的地位,有利于在野股东积极利用代理权征集这一公司控制权市场的重要机制参与公司治理。总之,美国联

| 股东投票代理权征集制度的法律分析

邦证券法对代理权征集的法律规制有利于代理权征集的合理有效运作和股东大会机能的正常发挥，从而完善美国上市公司市场导向型的公司治理模式。另外，作为《联邦证券交易法》第14条特别规定的延伸，由 SEC 制定的《投票委托劝诱实施细则》对代理权征集制度进行了详尽而严密的规定，以至于有人将此规则称为"小证券法"，其内容本书将在以后部分有所涉及。

代理权征集规则在美国公司法中的地位可谓特殊，它既牵涉到公司治理的核心问题，又涉及联邦法律和州公司法之间的关系，正所谓牵一发而动全身。其发展演进的过程向我们展示了动态的美国公司法制的演进过程，其中，企业管理者与成熟的机构投资者之间的相互博弈提供了制度变迁的内部推动力。联邦法律与州法、州法与州法之间的竞争机制提供了利于创新和试错的制度发展环境与多种制度选项，而法院对行政立法行为的审查强调立法效果，在一定程度上保证了立法质量①。

2. 英国

早期的英国法院认为，股东是否享有委托表决权，取决于股东之间订立的合同，而且，股东行使这一权利时必须遵守合同的规定。可见，在早期，股东并非自然享有委托他人投票的权利。法律经济学的分析可部分解释法院如此裁决的理由。19世纪的英国公司，大多为闭锁公司，公司参与各方所缔结的合同更强烈地呈现持续性的关系合同的特征，合同各方行使私权均受制于维护这种长期关系合同的压力。关系合同方无法像纯粹的零散契约方那样只需面对相对简单的社会关系。不难想象，代买商品所产生的委托代理关系，几乎不会产生外部性，因而完全可以委诸于一般的代理法理。闭锁公司股东之间关系紧密，互相之间保持着高度信任，遇事更需妥为协商，如果

---

① 刘子平：《美国股东委托书使用规则评述》，载《金融法苑》2015年总第90辑。

任何一方有权随意委托他人表决,将损害这种亲密合作的基础。基于此,早期的英国法院拒绝认同股东表决权方面的完全自由,而将股东是否享有委托表决权,受制于股东之间事先的约定。在原有的私权基础上,再通过股东的合约机制予以保障。

但随着经济的蓬勃发展,公司的规模不断壮大,进入20世纪后,公众公司更是大量涌现。此时,由众多的股东妥为协商,从而就股东是否享有委托表决权进行一一表决,谈判成本过大。虽然这种合同基础可由公司章程予以替代,但由于章程是由公司管理层和控股股东制定,控股股东极易利用小股东的冷漠心理,在章程中导入有利于己的条款。这使得以合同为基础的代理表决制度殊不可靠,各国法律遂开始明确规定公众公司股东的委托表决权制度,从而为股东提供这方面的"公共产品"。委托投票权,就从当初适用与闭锁公司的股东之间的约定权利,走向了法定的权利。1948年,英国公司法承认了委托投票为股东的法定权利[1]。

(二) 大陆法系国家和地区的代理权征集制度(以德国、日本和我国台湾地区[2]为例)

1. 德国

在德国公司法中,股份有限公司采用双层次董事会制,即公司设股东大会、监事会和董事会三个机构。监事会由股东大会选举产生,它不仅是监督机构,还是决策机构;董事会是执行监事会决议、负责公司日常运营的执行机构,对内对监事会负责,对外代表公司,监事会与董事会形成垂直的领导关系。可见,德国公司内部监控模式可以表示为:股东—监事会—董事会—经理。这一独特的治理结构决定了董事会成员由监事会而非股东会任命。德国《股份公司法》第84

---

[1] 丁绍宽:《公司投票机制的法律经济学分析》,华东政法大学博士论文,2008。
[2] 根据学术惯例,本部分所指的"海外",是指中国大陆以外的地区,故包括了我国台湾地区的立法与实践。

条明确了董事会的任命与罢免程序,第 1 款规定:"董事会成员由监事会任命,任期最长不得超过五年。"第 2 款规定:"如果任命了若干人为董事会成员,那么监事会可以任命一名成员为董事会主席。"第 3 款规定:"如果有重要理由,监事会有权撤销董事会成员的任命和更换董事会主席。"并且,尽管监事由股东会选出,但是一旦个人当选为监事会的成员,便对公司负有义务而非对股东负有义务,从这一角度而言,尽管监事会享有对公司董事会的监督权,但并不意味着监事是以股东代表的身份对公司董事会进行监督。因此可以说,双层次董事会制在一定程度上使股东远离了对公司董事会的直接监控。

值得注意的是,监事会对公司董事会的监督权有限。一旦个人当选为监事会的成员,在董事会成员任期内监事会不能随意罢免董事,而且,当监事会存在空缺时,董事会可以提出候选人。此外,公司的监事会成员只有一半由股东选举产生。尽管如此,德国公司法仍然为股东通过行使投票权选举监事会成员对公司施加影响留有空间,体现在当投票结果打成平手时,一定由股东选举产生的公司监事会主席拥有决定性的一票;股东认定某一董事会成员不称职并丧失信心时,可以提出一项决议,要求监事会撤回对该管理人员的任命;股东可以越过监事会通过获得绝大多数投票支持而直接向公司董事会提出指示。可以说,德国公司法框架下,委托书征集机制仍然有用武之地。

德国公司治理结构的另一个重要特点是银行全能,银行在公司中的地位举足轻重。在德国银行主导型公司治理模式下,银行不仅是企业融资的提供者,而且是企业的主要股东。德国银行对巨额投票权的控制,超过他们对债务的控制,被认为是德国和美国公司治理结构最大的不同[1]。德国银行除了拥有它们直接持有的公司股票以

---

[1] 范黎红:《论上市公司委托书征集的法律规制》,厦门大学博士学位论文,2003。

外,还大量持有了非自有股份,主要包括银行以经纪商身份代理客户保管的股票,以及所控制的共同基金拥有的股票,这意味着银行在股东大会上不仅可以行使自己直接持有公司股票的表决权,还可以行使所持非自有股份的表决权。对于银行这一企业主要股东行使表决权的规则,德国《股份公司法》用了较大篇幅来予以规范,主要集中在德国《股份公司法》第134、第135、第136、第137等条款。其中,第135条是规范银行代客户行使表决权的主要条款,该条第1款规定:"一个信贷机构,只有在获得书面全权委托时,才允许行使或者委派别人行使不属于它的股票持有人的表决权。在特别股东大会上,被授予全权的信贷机构,只有在股东对个别议题给予明确指示的情况下,才能根据全权行使表决权。如果一家信贷机构直接持有一家公司超过百分之五的基本资本或者间接持有多数股权,那么在该公司的股东大会上,该信贷机构仅在股东对个别议题给予明确指示后,才能行使或者通过别人行使表决权;如果信贷机构既不行使自己的表决权,也不通过别人行使表决权,则上述规定不予适用。"这一条款规定了银行行使非自有股份表决权的一般原则。

德国《股份公司法》第135条的其他条款虽然也是对银行行使非自有股份表决权的规范,但对银行的限制较少。例如,该条第2款规定:"全权只能授予一个特定的信贷机构,期限最长为十五个月。全权可以在任何时候收回。"第5款规定:"如果股东没有给予信贷机构如何行使表决权的指示,那么信贷机构就要按照他自己的、根据第128条第2款已经告知股东的建议相应地行使表决权,除非信贷机构根据情况假定股东在了解实情后会同意信贷机构灵活行使表决权。"这意味着银行在特定期间内,往往可以通过巨额投票权的累加,达到对公司的控制。

尽管德国法对代理权征集的限制很少,但非法律因素使代理权征集机制无法成为股东参与公司治理的有效手段。首先是因为德国银行与其持股公司之间的特殊关系。德国银行的客户很少向保管其股票并代为投票的银行提出投票的具体指示,客户也很少否决银行的投票提议。因而银行在如何投票上有很大的自由裁量权。但银行同时又是其所持股公司的贷款人,因而更看重的是如何与公司保持长期稳定的业务关系,而不是去过问公司的经营活动。由于银行与公司之间的特殊关系,代理权征集机制的运用只是进一步巩固了银行与公司的联盟,而不可能成为争夺控制权的工具①。

2. 日本

日本全国证券取引协会在2010年的调查显示:在日本证券市场中,自然人股东的人数占到全部人数的96%,但是他们所持有的股份比例仅占市场股份总数的4%左右,而近76%的股份为各种法人持有②。可见日本的公司大股东持股现象较为普遍,并已经形成了企业集团,其中,大股东与所属公司可能属于同一企业集团,彼此之间已经形成利益共同体,这决定了美国式的股东与董事会争夺控制权的情况不太可能在日本发生。这些相互持股的公司通常通过集团总裁委员会的形式对公司事项进行影响,股东大会被架空,因此有赖于股东大会的代理权征集很难发挥作用。同时,银行在公司治理结构中的特殊作用也限制了代理权征集活动的兴起。在实践中,日本代理权征集的作用往往只体现在满足股东大会的最低召开条件。正因为如此,日本对代理权征集的限制较少,比如对征集人的资格几乎没有限制,任何人都可以作为征集主体;在信息披露方面,日本法律虽然也作了相应规定,但较之美国也非常宽松。

1948年,日本证券交易委员会根据《证券交易法》第194条的授

---

① 陈明添、张学文:《股东投票代理权征集制度的效用》,载《东南学术》2005年第2期。

② 范黎虹:《论上市公司委托书征集的法律规则——以美国法为研究中心》,法律出版社2010年版,第284页。

权,围绕上市公司股东投票权的代理行使问题,制定了《关于上市股票表决权代理行使之规则》,以补充《商法》第 239 条股东表决权代理行使之原则性规定。该规则与证券交易法一样,均系仿效美国而制定。历经数次修改后,该规则对代理权征集的限制越来越少。同时,日本《公司法》第 310 条为股份公司的股东赋予了代理行使表决权的权利。这意味着股东可以委托代理人出席股东大会并代为行使表决权,因此机构投资者可以通过征集中小股东的表决权,代表中小股东在股东大会上行使权利。同时,日本《公司法》第 298 条第 2 项中规定,在拥有 1 000 名以上具有表决权的股东的公司中,除了依据代理表决权劝诱规制原则对能够行使表决权的股东进行代理表决权劝诱的情况以外,必须采用书面投票制度。这也就意味着,拥有 1 000 名以上具有表决权的股东的公司,只能在书面投票制度和代理表决权劝诱制度中择其之一。在日本的实践中,大多数上市公司采用书面投票制度,而采用委任书劝诱制度以代替书面投票制度的公司不多;反之,实务中主动提交议案的机构投资者因代理行使表决权而对其他股东进行劝诱的实例也确实存在。山田和彦的研究显示,在 2010 年 6 月的股东大会上,高尔夫公司和山田公司的提案引发了股东和公司之间的委任状争夺战。由于对代理行使表决权的劝诱是一项利弊兼有的制度,为规范代理行使表决权的劝诱行为,防止劝诱者利用劝诱行为谋求私利,日本《金融商品交易法》及相关施行法令对代理表决权的劝诱行为进行了相应的限制。日本《公司法》第 310 条第 1 款中规定,代理股东须向公司提交能够证明代理权的授权委托书。除此之外,《关于上市股份的代理行使表决权的劝诱的内阁府令》("上場株式の議決権の代理行使の勧誘に関する内閣府令",以下简称"《代理表决权府令》")中规定劝诱者应当向股东提供记载有关行使代理表决权事项的授权委托书。为了规范代理表决权的劝诱行为,《代理表决权府令》还规定劝诱者应当在授权委托书中向股东明确披露有关行使代理表决权议案的尽可能详细而充分的信息，以使股东能够对议案直接投赞成票或者反对票。同时，《金融商品交易法》第 194 条作出一般性规制，要求劝诱者不得违反《代理表决权府令》的规定而行使劝诱行为；如违反《代理表决权府令》的以上规定进行劝诱的，视为无效。《代理表决权府令》关于代理表决权劝诱行为的限制性规定，实际上是对行使代理表决权过程中的信息提出披露要求。为确保股东作出反映其真实意志的合理判断，劝诱者在进行劝诱时必须向股东提供股东能够直接作出赞成与否判断的相关材料，并详细披露相关信息。代理表决权劝诱的禁止性规定包含两个目的：一是阻止部分经营者为寻求私利而滥用代理表决的劝诱权；二是劝诱者应当向股东尽可能详细地披露信息，以使股东充分了解议案的内容，并依照股东的真实意愿投赞成票或否决票[1]。

3. 我国台湾地区

我国台湾地区家族企业盛行，2/3 的上市公司和几乎全部的上柜公司有相当浓厚的家族色彩，其原因有三：一是从经济背景看，我国台湾地区属于新兴市场经济，由农业主导转为工业主导才 30 多年时间，这期间经济结构快速变动，但尚未摆脱农业社会以家族为经营单位的基本特征，尤其是在资本、规模和技术尚无法在短期内与发达市场经济看齐的情况下，家族式管理有其较高效率的存在理由。二是从管理背景看，家族企业只是企业发展中的阶段性现象。通常企业发展阶段包括：小企业、中型企业、大企业、巨型企业。在前两个阶段中，家族把持企业是世界各地的常见现象。我国台湾地区正处于第二阶段向第三阶段转变的过程中。三是从文化背景看，中华文化是以家族为中心的文化，这与中国最早进入农业社会有关。家族观

---

[1] 陈美颖：《机构投资者监督上市公司治理的日本经验》，载《金融经济学研究》2015 年第 30 期，第 4 页。

念深入人心,是最值得信赖的社会关系,家族企业自然普遍①。

家族企业是家族资产占控股地位、家族规则与企业规则的结合体,从公司所有权与经营权关系的角度来看,家族企业表现为一种连续的状况,包括从所有权与控制权不可分离的紧密持有形式到企业上市后,家庭成员对资产和经营管理保持临界控制权。家族企业对我国台湾地区传统产业的渗透与控制,意味着股份公司两权分离的原则无法得到彻底落实,而且非公司董事会的股东多为散户,对公司控制权几乎不产生影响。在这一土壤下,代理权征集制度作用的范围和深度极为有限。尽管如此,由于我国台湾地区近年来加大了对产业结构调整的力度,以高科技企业为代表的一些新兴产业因其技术和资本结合的特性,需要通过证券市场融资,其股权结构逐渐走向实质的经营权与所有权分离,公司间相互投资或公司主要股东以部分持股成立投资公司以巩固对公司控制的做法已渐成气候,相应地,代理权征集在这些产业领域开始得到较多运用。

我国台湾地区关于代理权征集的主要法规体现于《公司法》第177条、《证券交易法》第25条之一以及《公开发行公司出席股东会使用委托书规则》。《公司法》第177条规定:"股东不能亲自参加股东会,出具公司印发的委托书,载明授权范围,委托代理人,出席股东会。除信托事业外,一人同时受两人以上股东委托时,其代理的表决权不得超过已发行股份总数表决权的百分之三,超过时其超过的表决权不予计算。一股东以出具一委托书,并以委托一人为限,并应于股东会开会五日前送达公司,委托书有重复时,以最先送达者为准,但声明撤销前委托者,不在此限。"《证券交易法》第25条之一规定:公开发行股票公司出席股东会使用委托书应予限制、取缔或管理;其规则由主管机关定之。使用委托书违反前项所定规则者,其代理之

---

① 朱红萱:《台湾家族企业发展概况》,载《海峡科技与产业杂志》,2006年第1期。

表决权不予计算。本条是1983年5月11日修订证券交易法时所增订的,赋予"证管会"裁量权,对历年来委托书的使用予以积极规范。"证管会"制定的《公开发行公司出席股东会使用委托书规则》几经修改,现适用的是2009年修订后的规则。从规则的内容来看,《公开发行公司出席股东会使用委托书规则》规定了代理权征集界定、分类、程序、信息披露、各方权利与义务等事宜,是《公司法》《证券交易法》相关规定的具体化。

第二节 我国的实践与立法

一、市场实践

广义而言,证券市场是指股权证券、债券证券及相关金融工具的发行和交易的国内市场和国际市场[①]。从我国的实践角度来看,随着国内资本市场的建立与逐步发展,近年来,我国证券市场上发生了多起上市公司股东向其他股东征集投票委托书的事件,其中,1994年的"君安万科事件"、2000年的"胜利股份之争"以及2000年年底的"广西康达事件"无疑是具有里程碑意义的代理权征集案例。如果说,1994年的"君安万科事件"是我国证券市场建立以来具有代理权征集雏形的事件的话,那么2000年的"胜利股份之争"则是我国第一起真正意义上的代理权征集案件。

(一) 君万之争——中国代理权征集制度的雏形

君万之争为1994年发生在中国资本市场的一件著名案例,当事方分别为君安证券有限公司(以下简称"君安")和万科企业股份有限公司(以下简称"万科")。万科成立于1984年5月,1988年进入住宅

---

① [英]艾利斯. 费伦,罗培新译:《公司金融法律原理》,北京大学出版社2012年版,第67页。

行业,1991年成为深圳证券交易所的第二家上市公司,在其上市之后,万科始终以股权治理结构相对分散化、拥有一批优秀的职业经理人而著称。1994年3月底,因包销大量余额B股而成为万科大股东之一的君安,通过取得委托授权的形式,联合持有万科12％股权的其他4大股东突然向万科董事会发难,公开发出倡议书要求改革公司经营决策。后因挑战者同盟中的一名大股东临阵倒戈,撤销了对君安的委托授权,并表明了支持原管理层,最终君安改组万科的计划不了了之。虽然这次委托投票权的征集未大规模向社会进行,但可以说,此次事件已经在实质上构成了代理权征集的雏形。

(二)胜利股份之争——我国第一起真正意义上的代理权征集案件

2000年年初,我国上市公司山东胜利股份有限公司(以下简称"胜利股份")的原第一大股东胜利集团由于经营不善引发经济纠纷,其持有的3 000万法人股以低价被拍卖。2000年1月10日,广州市通百惠服务有限公司(以下简称"通百惠")以每股1.06元的价格竞买成功,购入胜利股份3 000万法人股,占总股本的13.77％,在1月28日交割后,成为胜利股份第一大股东,并于次日予以公告。

成为胜利股份第一大股东后,通百惠公司向胜利股份董事会提交了董事、监事会提名人选,被董事会拒绝。2000年3月3日,胜利股份董事会公告,第四大股东山东胜邦公司(以下简称"胜邦")通过协议受让其他几家法人股,持股比例由6.98％升至15.34％,领先通百惠1.57％转而成为胜利股份第一大股东。

由于两大股东在公司今后的主营业务定位以及人事争端上产生了无法调和的矛盾,3月15日股权纷争升级,胜邦通过受让法人股和增持流通股,使自己的持股比例达到总股本的17.35％;通百惠公司则再次通过拍卖竞买取得胜利集团630万法人股,使自己的持股比例达到总股本的16.66％。胜邦仅以0.69％的微弱优势居于第一。

股东投票代理权征集制度的法律分析

恰逢胜利股份第 10 次股东大会（年会）召开在即，在 2000 年 3 月召开的股东大会上，将选举新一届董事、监事，谁能在股东大会上取得董事多数席位，谁就能取得公司的控制权。于是，2000 年 3 月 17 日，通百惠在各大媒体上打出"你神圣的一票决定胜利股份的明天"大型广告，并在证券和网络媒体上公开征集代理委托书，开始了对中小股东代理表决权的征集。通百惠为民请命的姿态引起中小股东的共鸣，并在 3 天内征集到了有效股份数近 2 626 万股，占当时流通股总股本的 20% 以上，委托书授权大大增加了通百惠参与控制权之争的筹码。

2000 年 3 月 20 日，股权之争的战场转移到胜利股份股东大会上来，双方在新一届董事、监事会成员的产生办法上进行了激烈争论。最终，大股东胜邦依靠关联持股结构，以微弱优势战胜了通百惠。在新一届董事会成员中，通百惠及其所代表的 2 500 名社会公众股东无一人当选。2000 年 4 月 4 日，公司对股东大会决议予以了公告，至此通百惠与胜邦的表决代理权之争，以胜邦继续掌握胜利股份控制权暂时告一段落。

可以说，"胜利股份之争"开创了中国证券市场代理权征集事件的先河，引发了越来越多的上市公司代理权征集行动。这些事件之所以具有如此轰动的效应，是因为这一方面反映了中国资本市场的长足发展与不断的制度创新，另一方面也是对原有体制的一种突破。众多周知，由于历史原因，我国绝大多数上市公司由传统计划经济体制下的国有大中型企业经过公司化改制而成，为了保证国家对上市国有企业具有绝对的控股权，上市公司的股份被分割为国有股、法人股和社会公众股，其中大约 70% 的股权属于国有股和法人股，处于绝对或相对控股地位的国有股和法人股不能在证券市场上流通，而仅有剩余 30% 左右的社会公众股属于流通股，这便使得国有股等大股东对于上市公司具有不可动摇的控制权，产生现代公司理论中的"内部人控制"问题。这种过度集中并缺乏退出机制的情况,不仅增加了并购活动的成本和难度,而且也成为我国上市公司治理结构诸多缺陷的根源。目前我国股份公司监事会制度失灵,监督机制未能有效发挥作用,股东会对董事会的制约明显不力,在这种情况下,求诸于外部资本市场也许是种较好的选择。在较完善的资本市场环境下,外部市场竞争对经营者具有较大的压力,非控股股东可以通过表决权征集制度来发起代理权竞争,从而夺取公司的经营控制权,撤换不良管理者[1]。正因如此,2000年的"胜利股份之争"及其以后的几件代理权征集事件,在证券市场都产生了较为轰动的效应。这些事件对于证券市场的发展,无疑具有重要的意义。

(三) 近年来我国资本市场股东投票权征集部分事件汇总(见表4-1)

表 4-1 投票权征集部分事件汇总

年份	征集方	被征集方	被征集方股权结构	征集事由	股东提案	征集结果
2000	通百惠	胜利股份	第一大股东持股17.35%,前两大股东持股接近	争夺公司控制权	董事、监事人选;公司经营战略调整	失败
2000	广西索芙特(持股2.27%);广州天街小雨	广西康达	前两大股东持股接近,其他股东持股比例较低	小股东参与公司决策以制约大股东	增选董事	失败
2000年	公司独立董事	ST郑百文		呼吁中小股东积极参与公司治理	未提出	
2001	河北开元(公司第二股东,持股18.77%)	石家庄国际	除前两大股东外,其余股东持股比例较低	公司经营政策之争	罢免董事;经营策略调整	

---

[1] 赵旭东:《新公司法制度设计》,法律出版社2006年版,第106页。

(续表)

年份	征集方	被征集方	被征集方股权结构	征集事由	股东提案	征集结果
2001	君之创（非股东第三人）	四川五粮液	第一大股东持股比例75%	主张维护小股东利益	公司股利分配方案	失败
2002	锦江和盛（第一大股东，持股28.45%）	重庆东源	前两大股东持股比例相当	公司控制权之争	董事、监事人选	
2002	公司董事会	青岛双星	第一大股东占比47.85%	呼吁全体股东增强股东意识	未提出	
2002	光大证券（第二大股东）	石油大明	国有股股东持股比例高	参与公司治理	修改股利分配方案	通过
2004	独立董事	电广传媒	国有法人股占比19.43%	公司治理	以股抵债方案	通过
2004	独立董事	华北制药	第一大股东占比59.73%	公司治理	控股股东综合整改以及控股股东以股抵债配套方案	通过
2005	独立董事	三一重工	第一大股东占比63.97%	股改	股改方案	通过
2005	新浪网、大众证券等媒体	上海宝钢	第一大股东占比72.99%	公司决策	反对巨额增发	失败
2005	个别小股东	科龙电器	第一大股东占比24.08%	维护中小股东利益	召开临时股东大会，提议罢免董事,选举独立董事	失败

(续表)

年份	征集方	被征集方	被征集方股权结构	征集事由	股东提案	征集结果
2005	独立董事	凤凰股份	大股东持股占比63.04%	公司决策	定向回购国家股方案	通过
2006	独立董事	双鹭药业	前两大股东持股比例较高	公司内部治理	股权激励方案	通过
2006	山东中金（流通股股东）	深发展	非流通股股东持股占比25.71%	股改	反对股改方案	失败
2006	独立董事	通化东宝	第一大股东持股占比34.52%	公司治理	以股抵债方案	通过
2006	独立董事	G上港	国有法人股占比较高	公司重大决策	换股吸收合并方案	通过
2007	三名小股东	S泰石油	国有法人股持股占比38.1%	反对资产转让	罢免三名董事	失败
2007	个别小股东	两面针	国有法人股持股占比18.52%	公司经营决策	有关公司发展战略和经营方针的提案	失败
2008	个别小股东	西水股份	股权结构较为分散	公司经营决策	反对股利不分配方案，行使重大资产处置知情权	通过
2009	前两大股东	ST兴业	股权结构较为分散，前两大股东持股比例分别为3.75%、2.9%	公司控制权	（1）入主董事会（2）维系董事会控制权	议案(1)通过议案(2)失败
2010	独立董事	宁夏赛马事业		公司治理	征集临时股东大会投票权	

(续表)

年份	征集方	被征集方	被征集方股权结构	征集事由	股东提案	征集结果
2011	公司小股东	振兴生化		公司治理	参与公司治理、维护小股东利益	
2012	独立董事	海康威视		公司治理	临时股东大会投票权	
2013	独立非执行董事	中兴通讯		通过临时股东大会议案		
2013	董事会	中国石化上海石油化工		股权分置改革		
2014	股东	方大集团		临时提案权、参与公司治理		
2014	董事会	舜元实业发展		股权分支改革		
2014	独立董事	深圳新都酒店		更换审计机构,维护公司和中小股东利益		

二、我国大陆的立法

代理权征集制度尽管是中小股东保护自身权益、争夺公司控制权的有力工具,但是,我国立法对这一制度并未进行太多的涉及,只是在对表决权代理制度进行规定的基础上,在某些层次较低的法律文件中简单涉及了代理权征集制度。

(一) 立法现状

根据不同层级法律文件对于代理权征集制度的不同规定,目前,我国立法层面大致可作如下划分。

1. 法律

《公司法》第 102 条第 2 款规定:"单独或者合计持有公司百分之三以上股份的股东,可以在股东大会召开十日前提出临时提案并书面提交董事会;董事会应当在收到提案后二日内通知其他股东,并将该临时提案提交股东大会审议。临时提案的内容应当属于股东大会职权范围,并有明确议题和具体决议事项"。第 106 条规定:"股东可以委托代理人出席股东大会会议,代理人应当向公司提交股东授权委托书,并在授权范围内行使表决权"①。

2. 行政法规

1993 年,国务院颁布的《股票发行与交易管理暂行条例》中首次提到了代理权征集制度,其第 65 条规定:"股票持有人可以授权他人代理行使其同意权或者投票权。但是,任何人在征集二十五人以上的同意权或者投票权时,应当遵守证监会有关信息披露和作出报告的规定。"

3. 部门规章及其他规范性文件

作为证券业的监管者,证监会在其所指定的部门规章和其他规范性文件中,也对代理权征集制度有所涉及。例如,证监会于 2002 年颁布的《上市公司治理准则》第 10 条规定:"上市公司董事会、独立董事和符合有关条件的股东可向上市公司股东征集其在股东大会上的投票权。投票权征集应采取无偿的方式进行,并应向被征集人充分披露信息。"这条规定对于代理权征集中征集人的资格、征集方式、信息披露等内容作了原则性规定,具有重要意义。2016 年修订的《上市公司股东大会规则》规定股东"可以委托他人代为出席并在授权范围内行使表决权"。

---

① 需说明的是,《公司法》经历次修订,均规定了此条款。

4. 证监会指引性文件

证监会 2016 年修订的《上市公司章程指引》第 59 条规定:"股东可以亲自出席股东大会,也可以委托代理人代为出席和表决。"此外,证监会发布的《到境外上市公司章程必备条款》《关于在上市公司建立独立董事制度指导意见》等规章,对代理权征集的有关内容也有所涉及。

需要特别指出的是,证监会深圳证券监管办曾于 2002 年发布过专门规范代理权征集的《上市公司征集投票权操作指引》,该指引共有七部分,分别对投票权征集者的主体范围与方式、投票委托书的格式与内容、信息陈述和信息披露、材料报备、禁止行为等进行规范说明。

(二) 简要评价

总体而言,我国目前对于代理权征集的立法仍停留在表决权代理的层次,即只规定了消极代理,尽管对代理权征集制度有所涉及,但都是原则性规定,对于代理权征集中征集人的资格、征集程序、方式、征集人义务、信息披露、征集人责任、股东提案等具体内容都没有涉及。

第三节 代理权征集制度在我国的适用性分析

一、代理权征集实践的绩效评价

自 1994 年"君万之争"至今 20 余年中,我国代理权征集的市场实践经历了长足的发展,体现在以下几个方面。

(一) 时间维度方面,目前我国的代理权征集市场处于由初期阶段向活跃发展阶段转化的过程

从时间来看,相较于我国资本市场的发展,代理权征集的案例相对较少,但逐年增长幅度较大。通过分析可以发现,我国市场实践中

经公开报道的代理权征集案例绝对数量并不算太多,而由在野股东发起的旨在争夺公司控制权的代理权征集活动更少。根据已统计的近20年来的案例,其中所涉公司总数量在我国公司总量尤其是资本市场上市公司数量中占比非常小。与此形成鲜明对比的是,美国资本市场公众公司群体中,每年都会发生几十例的代理权征集案例。这其中既有资本市场发展阶段不同的因素影响,更有股民投资心态、文化土壤、机构投资者培育等多方面因素差异的作用。尽管如此,比较市场经济发展的进程,仍然可以看出征集案例发生的比例在逐年提高,2000年(含)之前仅有4起,2001年至2010年已多达几十起,可见,代理权征集制度的价值也越来越多地被市场所认可。如果说以"君万之争"为我国代理权征集实践真正起点的话,则1994年至2000年可以被称为处于初期阶段的实践,2000年至今可被称为我国代理权征集制度的活跃发展阶段。总体而言,2000年之前的代理权征集市场尚处于萌芽阶段。在这一阶段出现的案例,多是属于自发探索性质,由于缺乏相应的法律、法规以及政策指引,因此处于规范欠缺状态。面对资本市场的交易与发展所匹配的立法真空状况,我国相关立法机构以及监管层积极应对,制定了若干关于上市公司并购法律规范以及政策指导,尽管暂无专门规范股东投票代理权征集的相关法律文件,但整体规范市场环境的法律、法规依然为代理权征集制度所需存在的宏观环境的培育奠定了良好的基础。例如:国务院于1993年4月22日发布的《股票发行与交易管理暂行条例》、中国证监会于1993年6月12日发布的《公开发行股票公司信息披露实施细则(试行)》(现已失效)、1994年11月3日由国家国有资产管理局和国家体改委联合制定和发布的《股份有限公司国有股权管理暂行办法》(现已失效)、1995年1月10日由国家对外贸易经济合作部制定和发布并于2015年修订的《关于设立外商投资股份有限公司若干问题的暂行规定》等。同时,2000年以来,我国市场上公开见诸报道的代理权征集案例已非常活跃,相继出现了一系列通过股东大会、董事会及新闻媒体公开征集代理权的案例。2000年的"胜利股份之争"及其以后的几件代理权征集事件,在证券市场都产生了较为轰动的效应,并在更广的范围、更深的层次、更高的效率上大规模地展开,成为证券市场的持续热点。然而在这一阶段,我国证券交易市场代理权征集活动中的不规范状况也日渐突出。为此,以引导证券市场有序发展、规范征集策略和行为为宗旨,我国相关立法机构和监管层不断地制定新的法律、法规,努力将证券交易市场代理权征集活动纳入法制化轨道。

(二)空间维度方面,目前我国代理权征集所涉企业的产权主体多元化

从市场类别方面,资本市场上市公司代理权征集案例较多。原因在于,资本市场中上市公司的资本结构相对较为分散,股权呈多元化态势,上市公司的透明程度相对较高,同时,由于目前法律、法规对上市公司股东投票代理权征集主体的资格并未设置太高的门槛,有权提出征集要求的主体较多,而上市公司又直接涉及投资股民的公共利益,相对于私人公司而言,上市公司的"公众性"发展目标往往与征集人的征集目的的"公众性"相契合。在这些所涉及的上市公司中,首先,民营资本仍是代理权征集的主战场。党的十八届三中全会《关于全面深化改革若干重大问题的决定》重申了两个"毫不动摇",即毫不动摇地巩固和发展公有制经济,毫不动摇地支持和引导非公有制经济,并提出"公有制经济财产权不可侵犯,非公有制经济财产权同样不可侵犯"。2016年11月27日,党中央、国务院正式发布《关于完善产权保护制度依法保护产权的意见》,要求进一步废除对非公有制经济各种形式的不合理规定,消除各种隐性壁垒,保证各种所有制经济依法平等使用生产要素、公开公平公正参与市场竞争、同等受到法律保护、共同履行社会责任。因此,在法律保护和政策鼓励的双

重保障下,我国民营经济进一步蓬勃发展,目前已经形成了一批实力雄厚的公众企业。随着这些公众公司企业法人治理结构的完善,通过公开市场进行代理权征集,已经成为目前我国市场实践中的一支主力军。其次,国有企业中小股东的代理权征集活动日益增多。国有企业是壮大国家综合实力、发展国民经济、保障人民共同利益的重要力量,推动国有企业做大做强、实现国有资产保值增值是国企改革的重要目标之一,而适应市场化、国际化竞争新形势,推动国有企业不断提高效益和效率,提高竞争力和抗风险能力,则是国企改革成败与否的重要方向。自 2000 年以来,以发生在宝钢集团、上港集团等一批国有大中型企业的代理权征集制度为例,可以说明,我国的国有企业参与市场竞争、遵循市场规律、遵守市场规则的意识和行动已非常强烈,这在一定程度上表明我国国有企业市场化改革已取得了相当大的成绩,从另一个侧面也说明市场面前人人平等的客观规律。

(三)行为维度方面,目前我国的代理权征集活动处于由初期探索向逐渐成熟转化的过程

我国证券市场的代理权征集活动,从无到有,已经走过了 20 余年的历程。虽然目前我国代理权征集的市场实践仍存在众多显而易见的缺陷和问题,但是在我国相关立法部门、监管机构、社会中介部门以及各类公司企业的富有成效的努力下,目前正日益走向战略化、法治化、多样化。首先,征集目的的战略化。在以美国为代表的西方成熟证券市场中,代理权征集是一种常用的公司控制权争夺方式,而我国证券市场起步阶段由于"壳"资源的稀缺性,在以往的上市公司控制权中,大部分的争夺行为均是为了实现对上市公司的资本控制,更看重于"壳",而并不看重公司治理结构中表决权的作用。近年来,我国证券市场上开始出现了以参与决策公司重大事项、呼吁中小股东重视公司治理、保护中小股东权益、要求分配股利等积极完善公司治理的代理权征集案例,凸显了征集人征集理念的成熟。其次,征集

行为规范化。随着一系列法律、法规的出台,我国业已初步形成较为完善的代理权征集法律框架和操作指引,对其程序性法律要求和实体法律要求已经较为明确,监管机构也有了明确的监管依据,上市公司代理权征集的信息披露更加及时充分,大大提高了征集行为的规范性。再次,征集结果市场化。相对于20世纪90年代的代理权征集案例,2000年以来所公开见诸报道的代理权征集案例中,成功的案例趋于增多。尤其值得注意的是,以独立董事和相对大股东名义提起的代理权征集案例,获股东大会通过的比例极高,而以中小股东、媒体等社会大众为征集主体发起的征集活动成功比例相对较少,这一方面说明征集主体的影响力对征集行为的绩效具有较大程度的影响,另一方面从某种程度上表明征集行为的绩效与我国证券市场发展的阶段是正相关的关系。

代理权征集制度之所以为市场所青睐,乃是基于以下因素的共同作用。首先,我国资本市场自20世纪90年代初建立以来,经历了近30年的发展,培育了较为雄厚的市场基础,孕育了强大的市场活力,公司治理结构的优化、股权结构的多元分散化为征集行为的实施提供了客观有益的基础,公司治理结构的优化为征集活动的开展提供了自由与竞争的行为环境,公司民主的基因也为征集行为的竞争提供了有利的思维基因;其次,西方成熟证券市场国家代理权征集的实践、国内学术界多年的研究与积累以及国内《公司法》《证券法》所提供的基本制度规则,共同促使了代理权征集在我国证券市场的萌芽。

二、代理权征集在我国市场中的适用性分析

然而,客观而言,通过对中西方国家和地区市场实践和制度立法的比较分析,可以发现,股东投票代理权征集制度自被引入我国以来,并未在我国证券市场中作为一种常用的手段而被频繁使用,总体

而言,其市场活跃度与我国证券市场的发展程度还不够匹配。原因有以下几点。

(一) 制度本身的定位

正如前面所述,股东代理权征集与并购、股权托管、法律或合同的安排等机制一道,构成公司代理权争夺的主要方式和途径,这些机制因各有其适用范围,制度绩效各有优劣。与公司并购相比,代理权征集制度的作用机制在于对中小股东投票表决权的征集,表决权的核心功能在于对公司股东大会审议事项的审核与表决,从而形成股东大会决议。因此,代理权征集发挥作用的机制在于对股东大会拟审议事项的监督与制约,而这些事项往往涉及公司的重大战略和相关安排,属于公司的最高决策,从这一意义上讲,代理权征集既有发挥作用的制度空间,但又受限于中小股东表决权本身的绩效。当然,我们并不能因为代理权征集本身的"小众"而否认其存在的必要性。

(二) 资本力量的"崇拜"

资本流动遵循着利益最大化的永恒真理。在每一个城镇、每一个国家,甚至整个世界,我们都可以捕捉到资本追逐利润的身影,证券市场更是资本的主战场。随着自由经济理念的不断成熟,并购已经成为当今世界经济发展的突出特征和巨大引擎,并为我国资本市场中所司空见惯。在经历了近40年的改革开放和30年的资本市场发展,我国证券市场积蓄了大量的资本优势,对于资本力量的崇拜超过以往。这从根本上注定了"资本为王"理念对控制权争夺的决定性影响,而这也恰恰是代理权征集所不具备的客观条件。

(三) 股权结构的局限

代理权征集制度发挥作用的土壤在于股权结构的多元化、分散化,从我国市场已发生的代理权征集案例来看,征集行为成功的案例所在的公司往往股权结构更为分散,或是由第二大股东以及独立董事作为征集人发起征集,而在一股独大的企业中,征集成功的案例则相对较少。传统公司法理论认为,"一股独大"是上市公司法人治理结构不平衡、不彻底、不完善的主要根源,容易导致第一大股东几乎完全支配公司董事会和监事会,容易形成一言堂,产生造假、不分配、肆意侵吞上市公司资产等漠视投资者利益的行为。从维护中小股东自身利益、完善公司治理的角度出发,在一股独大的企业,代理权征集制度更有其存在的必要。

(四)"理性冷漠"的惯性

中小股东的理性冷漠思维存在于全球几乎所有的证券市场,资本多数决的决策机制只能让中小股东选择做旁观者而非真正决策者,尽管代理权征集为有参与公司治理动力的小股东们提供了宝贵的机遇和路径,但是征集效用的最大化有赖于众多中小股东的集体合力,但这一目标的实现在实践中会遇到极大的操作障碍。基于此,理性冷漠思维的存在便成为必然。同时,相对于公司并购中收购方就中小股东所持股份所开出的丰厚对价而言,代理权征集一方面对其股权几无回报,另一方面还需中小股东花费时间和精力成本处理委托事宜,这对于当前我国投机氛围浓厚的证券市场而言,尽管会对致力于改良公司治理的部分股东有吸引力,但对习惯于投机而非投资的广大散户而言,吸引力或许会下降很多。从这一角度而言,代理权征集制度绩效的核心驱动力仍在于资本市场投资文化的孕育。

三、结论

法律是通过体现于外的"法律体系"和构建于内的"制度结构"共同发挥作用的。"外观"法律表现为体系,强调法律之间的逻辑关系;"内观"法律演化为结构,即制度或规则秩序,强调制度协调之间的关系,如链接、冲突或挤出等①。通过观察海外国家代理权征集的市场实践和立法现状,并分析总结我国大陆地区代理权征集的具体案例和立法情况,本书认为,在成熟市场经济国家和地区的公司治理结构体系中,代理权征集作为可以发挥正向效应的机制之一,拥有存在的市场实践土壤和制度需求,并与其他制度共同构成了公司控制权市场化、价值化的结构体系。

---

① [美]萨缪·鲍尔斯,江艇等译:《微观经济学:行为、制度与演化》,中国人民大学出版社2006年版,第366页。

第五章 代理权征集制度的完善路径

作为一种重要的公司治理方式,股东投票代理权征集制度对于以股权分散化为特征的现代公司具有重要的现实意义。发达国家的立法与制度实践表明,只有在股权相对分散、股东持股均衡的条件下,投票代理权制度才能够发挥应有的作用。传统上,我国公司结构呈国有股"一股独大"的股权结构,并不具备这种公司外部治理方式的生存环境与条件①。但是,随着股权分置改革的进行,我国证券市场多年积聚的"同股不同权""内部人控制"的弊病有可能从根本上得到解决,为上市公司股权结构的多元化、分散化提供制度基础,在这一新的历史背景下,代理权征集制度必然将在健全我国上市公司治理、发展上市公司控制权市场方面发挥独特作用,展现出其当代价值。因此,从立法层面确立并完善代理权征集制度,对于我国证券市场的发展已经具有了迫切的现实意义。

第一节 我国立法确立代理权征集制度的必然性

在资本市场比较发达且已进入成熟运作阶段的国家和地区,上市公司的股东大会实际上已经演变成委托书的征集过程;对众多中

---

① 伏军:《公司投票代理权制度研究》,载《西南政法大学学报》2005年第4期。

小股东来说,其股东权利的行使也已经从直接对会议提案进行表决和选举董事转换成对委托书的投票(to vote the proxy);股东大会制度的重心也已经从股东大会本身转变为代理权征集过程。由此,对投票委托书及代理权征集过程的规范和监管已成为各国完善股东大会制度、改进公司治理、保护上市公司众多中小投资者股东权益的一项重要内容[1]。同样,随着代理权征集案例在我国证券市场的日益增多,立法层面应从完善证券市场各种基本制度的原则出发,对代理权征集制度进行分析与研究,以较早确立相关规则,加强对实践的指导。本书认为,目前我国立法层面确立代理权征集制度的意义与必要性有以下几点。

一、必要性

(一)确立代理权征集制度是完善我国公司法、证券法理论的必然要求

代理权征集制度是传统公司法与证券法的重要内容之一,而两法则是建立和完善社会主义市场经济体制的重要法律,也是规范资本市场运行的基本法律。公司法是规范公司组织结构的组织法、行为法,是股东利益尤其是中小股东权益的保护法。公司法的精髓在于其提供了有限责任以及它所建立的公司管理法规,为了使投资者获得有限责任的利益,企业必须遵循公司管理法规[2]。随着我国股份公司的兴起和股票市场的发展,我国的股东人数也越来越多,广大的股东队伍中既有公民个人,也有法人,还有国家。可以说,没有股东,就没有股份公司。因此,如何加强股东权利的保护是公司法理论的一个重要课题。随着股份公司规模的不断扩大,股东人数呈分散

---

[1] 苏虎超:《我国上市公司委托书征集立法研究》,载《政法论坛》,2001年第6期。
[2] [美]弗兰克·B·克罗斯、罗巴特·A·普伦蒂斯,伍巧芳、高汉译:《法律与公司金融》,北京大学出版社2011年版,第15页。

化、多元化趋势,股东行使权利的方式也趋于多样化,产生了诸如投票代理权制度、代理权征集制度、表决权信托、股东投票协议等一系列股权行使的新方法。这一方面拓宽了股东尤其是中小股东行使权利的途径,另一方面也有利于提高股东参与公司治理的积极性,因此具有重要意义。代理权征集制度的上位概念是投票代理权制度,后者的上位概念是股东权的行使与保护,从这一角度出发,代理权征集制度也为股东权的保护与行使提供了一条较好的途径。因此,可以认为,对于代理权征集制度进行研究是股东权的行使和保护的重要内容之一。

如果说公司法侧重于从微观角度保护公司股东的权益,那么证券法则侧重于从宏观角度维护证券市场的稳定,改善上市公司治理结构。证券法的目的在于为国民经济的发展提供一个功能健全、不断壮大的直接融资体系,通过资本市场为个人投资增加丰富的产品和机会,并通过股民、券商、市场、上市公司等多种主体的多维运作来促进市场的整体发展。从这一角度出发,代理权征集制度对于证券法而言也具有重要的意义。完善上市公司治理结构是证券法理论的重点研究内容之一。公司的治理结构可以分为内部治理结构和外部治理结构。内部治理结构是指公司权力机关、执行机关以及监督机关之间的制衡关系,在董事会中心主义的模式下,其完善重在内部约束机制的运行,主要包括股东会对董事会的监督与控制、监事会对董事会的监督等。外部治理结构是因公司所受外部约束而形成的,主要通过资本市场、产品市场、信誉市场等竞争机制加以实现,对于上市公司而言,资本市场上的收购、兼并、代理权征集等以争夺公司控制权为目的的行为构成了最主要的外部约束机制。在成熟的资本市场上,这两种约束机制对于公司治理结构的完善缺一不可,仅仅依靠内部约束机制的完善来解决公司内部人控制等问题是不可能的,因此,借助于包括代理权征集在内的资本市场上的外部机制,使公司管理层面临来自市场的真实强大的在野者,对在位者形成一种外部威胁,有利于上市公司治理结构的优化。这具体表现为:①对公司现任管理层或现行经营政策不满的股东从公司的其他股东处征集足够多的投票委托,以重新选举董事会并控制公司的控制权,公司的控制权易手之后,新的管理人员对公司的经营管理和人事进行整顿,把公司的资产投向最有社会效益和投资回报率最高的行业,从而使社会资源得以重新组合,发挥市场资源配置的功能;②现任管理层为维护公司控制权而发起的征集投票委托行为。在这样的外部压力下,管理层往往为避免失去控制权而兢兢业业履行职责,努力提高公司业绩,由此达到优化公司治理结构的目的。

(二)确立代理权征集制度是完善上市公司控制权市场的需要

在现代股份制企业中,控制权的实质是董事会多数席位的选举权。从现实来看,谁掌握了董事会的多数席位,谁就实际控制了公司,成为事实上的决策者,可以享有各种收益。为了获得公司控制权,股东与股东之间、股东与管理者之间,以及管理者相互之间常常展开激烈争夺,并由此构成公司控制权市场[1]。作为一种经济性权力,控制权的权能主要包括公司事务决策权、公司经营权、财务权、人事权、监督权、参与权等。享有公司控制权的主体既可以是股东,也可以是董事会,甚至可以是经理层。例如,公司的控股股东可以通过行使表决权等股东的一系列权利,达到对公司经营权、人事权等权力的控制,这不仅可以表现为同一公司中内部大股东对公司的控制,也可以是母子公司中母公司对子公司的控制;同时,在理性冷漠态度与"搭便车"思想的影响下,众多股东对于公司的经营管理、人事等事务并不完全关注,这使得具有专业知识的董事会或者经理层掌握控制权成为可能。

---

[1] 周春生:《融资、并购与公司控制》,北京大学出版社 2006 年版,第 119 页。

> 股东投票代理权征集制度的法律分析

控制权的争夺往往使控制权获得者可以以少量成本获得对目标公司的控制,达到接管企业或者更换管理层的目的,在此基础上形成的公司控制权市场,可以对控制权享有者形成一种外部威胁,促使其优化公司治理结构。在资本市场上,上市公司控制权的价值更为重要,对于上市公司控制权的争夺往往是一个市场化的竞争过程,这对于提高上市公司质量、完善资本市场的建构具有重大意义。从这一意义上讲,公司控制权成为股东、董事会、经理层等公司内部主体和母公司、收购方等公司外部力量争夺的对象便不可避免。公司控制权一般通过控股权取得,也可以通过征集委托投票权等方式取得。相对于公司并购而言,代理权征集制度因其成本相对较低、风险相对较小而更受青睐,因此也成为争夺上市公司控制权乃至反争夺的有力工具。因此,完善代理权征集制度对上市公司控制权市场的发展具有积极的作用。

(三) 确立代理权征集制度是加强中小股东权益保护的需要

中小股东权利保护历来是我国证券市场关注的重点、热点和难点。中小股东权益保护决定资本市场可持续发展。对整个证券市场而言,如果大股东"掠夺"中小股东的现象非常普遍,就会使投资者对整个市场失去信心,离场而去,投资者群体萎缩。同时,还会引发"劣币驱逐良币"问题,即投资者一概认为绝大多数公司都会存在"掠夺"行为,导致那些真正维护投资者利益的公司得不到比存在"掠夺"行为的公司更为有利的融资条件。在这种情形下,越是"掠夺"厉害的公司其融资收益越大,恶性循环的结果是优良公司受到不良公司排挤,市场上优良公司越来越少。这两个方面共同作用的后果是资本市场发展受到严重阻碍,甚至萎缩。在代理权征集中,征集人通过征集行为取得小股东的投票代理权,达到表达权的相对多数。众多小股东通过与受托人签订征集协议,将其所持有的股份委托给征集人,征集人因代理了众多小股东的股份,从而持有了较多的公司股份。

只要征集到足够多的股份,征集人也会成为"大股东",便可以"大股东"的身份代表与之签订协议的小股东与控股股东抗衡,能够打破控股股东的"垄断"地位,从而促进中小股东利益的保护。因此,代理权征集实际上建立了中小投资者参与公司治理的一条新途径,有益于上市公司责任机制的建立,对形成成熟的股东文化和公司治理文化有着不可替代的推动作用。

二、可行性

法律制度的实施并不必然产生制度设计预期的效果,尽管代理权征集制度在许多国家均已成为公司治理的一项重要法律制度,但该制度在不同国家的实践效果却有着很大差异。其原因何在?有学者以美国、德国、日本三个国家的投票代理权制度为比较对象进行研究后发现,虽然美、德、日均建立了投票代理权制度,其内容也大体相同,但该制度在美国公司治理中发挥了非常重要的作用,在德国和日本却很少得到运用。经作者研究发现,根本原因在于德国、日本与美国公司所具有的不同类型的股权结构,美国公众公司股权呈明显分散分布状态,公众公司股份主要由个人或代理个人的金融机构持股,而德、日公司的主要股份由金融机构及非金融机构企业直接持有,由此得出股权结构是决定投票代理权制度实施效果的关键因素的结论,认为投票代理权制度必须以分散化的股权结构为前提条件,否则将不能产生理想的实施效果。在少数大股东绝对控股的情况下,投票代理权制度将失去其发挥作用的必要土壤①。

如果以这一结论为出发点,我们可以认为,目前我国证券市场已初步确立了股权结构分散化的制度前提。随着多层次资本市场建设的推进,我国绝大多数上市公司中关于国有股、法人股与社会公众股

---

① 伏军:《公司投票代理权制度研究》,载《西南政法大学学报》2005 年第 4 期。

的区分已不复存在,股份实现了全流通,同股同权与一票一权的基本原则真正发挥作用,具有不同价值追求的股东有了共同的利益推动机制,位于同一起跑线上的大小股东都将在市场化的环境下追求自身利益的最大化,并通过公司股票价格体现出来。与此同时,股票发行制度市场化改革全面推进,中小企业板块成功建立,机构投资者队伍日益壮大,上市公司、证券公司的监管力度不断增强,资本市场的发展已经具备了实现重要突破的基础。在后股权分置时代,股份的全流通将促使公司控制权的争夺趋于活跃,新的公司股权结构为代理权征集制度作用的发挥提供了巨大空间,并且会彰显出凝聚中小股东力量的独特优势。资本市场上的公司控制权争夺将由以往的非典型状态逐步过渡到典型的市场化状态,并将从根本上促进我国资本市场的发展。

近年来,我国证券市场发生了多起上市公司股东征集投票代理权的事件,较具代表意义的是 2000 年春的"通百惠事件"、2000 年年底的"广西康达事件"、2004 年的"宝钢股份增发事件"。但由于相关法律的欠缺等综合因素,这些事件在操作中遇到了许多盲点与障碍,最后大都以失败而告终,这从另一个角度说明了立法层面确立代理权征集制度具有重要的现实意义。

第二节 代理权征集制度的完善路径

目前,我国立法对代理权征集制度的规定主要体现在《股票发行与交易管理暂行条例》和《上市公司治理准则》两项法律文件中。1993 年,国务院颁布的《股票发行与交易管理暂行条例》中首次提到了代理权征集制度,其第 65 条规定:"股票持有人可以授权他人代理行使其同意权或者投票权。但是,任何人在征集二十五人以上的同意权或者投票权时,应当遵守证监会有关信息披露和作出报告的规定。"此外，2002年证监会发布的《上市公司治理准则》第10条规定："上市公司董事会、独立董事和符合有关条件的股东可向上市公司股东征集其在股东大会上的投票权。投票权征集应采取无偿的方式进行，并应向被征集人充分披露信息。"这条规定对于代理权征集中征集人的资格、征集方式、信息披露等内容作了原则性规定，具有重要意义。另外，《到境外上市公司章程必备条款》《关于在上市公司建立独立董事制度指导意见》等规章，对代理权征集的有关内容也有所涉及。总体而言，我国目前对于代理权征集的立法仍停留在表决权代理的层次，即只规定了消极代理。尽管对代理权征集制度有所涉及，但都是原则性的规定，对于代理权征集中征集人资格、征集程序、方式、征集人义务、信息披露、征集人责任、股东提案等具体内容都没有涉及。本书认为，从立法层面构建适合我国国情的代理权征集制度，应着重考虑如下问题。

一、立法价值取向

所谓立法价值取向，即立法时遵循的价值准则。具体而言，法律对于代理权征集制度应当持何种态度，是全面禁止？自由放任？还是适度干预？全面禁止说着眼于代理权征集制度的负面影响，认为该制度存在着诸多流弊及风险，实无存在的必要；自由放任说基于私权自治理念，主张一切由"市场作决定"，法律不应对代理权征集制度作更多干预；适度干预说认为应抑弊扬利，通过加强监管来发挥代理权征集制度的积极作用。

本书认为，立法对于代理权征集制度应采取适度干预的态度。正如本书所述，代理权征集制度在完善公司治理结构、提高上市公司质量、保护中小股东权益等方面都具有极为重要的作用。因此，各国法律大都将代理权征集的法律控制作为其公司法、证券法规范的重要内容之一。尽管代理权征集制度的滥用将有可能对公司的安定运转产生负面影响,并有可能加剧内部人控制现象,但并不能因此而全面否定代理权征集制度的积极作用。通过适当的监管来限制代理权征集制度的消极作用,通过市场的选择来发挥代理权征集制度的积极作用,才是一条最合适的途径。

二、立法原则

目前,在资本市场发育程度较为成熟的国家和地区,对于代理权征集制度的立法完善几乎都立足于中小股东的保护,并以信息披露为核心,以证券监管为手段,以求达到证券市场的公平、公开、公正之目标。因此,在立法对代理权征集制度进行涉及时,必须注重从基本原则层面做好顶层设计,方能进一步完善具体的制度结构安排。

(一)加强股东权利保护原则

如果说投票代理权制度是股东意思自治的工具,是股东个人意志的延伸,那么代理权征集制度更多地体现了征集人的意愿,并且这种意愿的目的往往在于对公司控制权的争夺。对于广大的中小股东来说,他们一方面希望利用代理权征集来对现任管理层形成制衡和压力,促使其努力经营;另一方面却又很难防止别有用心的征集者滥用该制度,把其变为与现任管理层争夺控制权的工具,扰乱公司的正常营运,反过来攫取公司和股东的利益。西方国家在其代理权征集规则中确立了股东提案制度、诉讼救济等一系列股东权利保护的途径,对此我们应予以借鉴,并且应在我国代理权征集立法中加强对中小股东利益的保护,避免他们成为公司控制权争夺中的牺牲品。同时,对中小股东权利的保护,具体可以体现在委托授权的可撤销性、征集者的说明义务等多方面。

(二)公平竞争原则

代理权征集应注重征集主体征集竞争行为的公平性,不应偏袒经营者或只让大股东拥有征集的机会。在实际的征集竞争条件中,经营者及大股东本身就有较大的优势,因此法律规范应注重小股东、在野派的权益保障。在规则设计上应允许并鼓励公平竞争的"委托书争夺战"的发生,尽可能改变反对派在代理权征集中的不利地位,平衡当事方的权利与义务。同时,对于利用代理权征集作为题材炒作的投机者,应当通过一定的机制加以必要的干预和限制,以免干扰上市公司的正常经营。

(三) 强化信息披露原则

"阳光是最好的防腐剂",强制信息披露是代理权征集制度的根本性要求。征集人只有按照法律、法规的强制性规定按时披露本公司的重要信息,才能维护股东的合法权益。在代理权征集过程中,征集人需要建立充分的信息公开制度,向股东披露征集人自身的资料、征集委托书的目的、征集人所拟支持董事、监事候选人等的重要资料,这些信息共同构成了代理说明书的主要内容。这些内容也将成为一般股东,尤其是中小股东对征求委托书作出接受或拒绝决定的重要依据之一。通过真实、准确、全面的公开代理权征集过程中的信息,进一步保护股东的合法利益,切实落实证券市场的公开原则。

(四) 重视市场监管原则

党的十八届三中全会明确指出,应当使市场在资源配置中发挥决定性作用,同时更好地发挥政府作用。政府的作用主要体现在两方面:一是解决市场体系不完善、政府干预过多和监管不到位等问题;二是保持宏观经济稳定,加强和优化公共服务,保障公平竞争,加强市场监管,维护市场秩序,推动可持续发展,促进共同富裕,弥补市场失灵。对于代理权征集制度的监管,政府亦应遵循上述原则,在创造条件确保市场配置资源及制度创新的基础上,对于危害公司治理结构甚至影响资本市场稳定的极端行为进行规制。例如,对于投票代理权征集活动中的违法行为由证券监管部门及时加以查处,并追究有关当事人的行政责任,依然是最有效的方式。同时,立法上也应肯定受害一方提起民事诉讼寻求私权救济的权利，以此实现对中小股东和投资者的多重法律保护。

三、立法模式

代理权征集制度尽管属于公司法、证券法理论的研究内容之一，在立法层面也应属于《公司法》和《证券法》统辖的范畴，但是，在立法层次上并不属于高层次的立法规范，应该由两法的执行机关来制定并监督实施相关制度。然而，我国大陆地区目前的相关法律文件对于代理权征集制度的规定基本上处于空白状态，仅有效力层次较低的部门规章涉及代理权征集的基本概念，并且仅规定原则性问题，缺乏系统性、全面性，尚不足以应对全流通后愈演愈烈的公司代理权争夺战。尽管历经多次修改的《公司法》对代理权征集制度未过多涉及，但是对于表决权代理制度则保持了连贯一致的立法规范。

在此背景下，本书认为，我国的代理权征集立法可以参照美国的立法例，并比照《上市公司收购管理办法》的立法模式进行，即由中国证监会对代理权征集制度颁布专项规章，在《公司法》《证券法》基本原则指导下，对代理权征集制度中征集人资格、征集程序、方式、征集人义务、信息披露、征集人责任、股东提案等具体内容进行规定。

参考文献

中文部分

一、著作类

[1] [美]阿瑟·库恩. 英美法原理[M]. 陈朝壁,译. 北京:法律出版社,2002.

[2] [加]布莱恩·R·柴芬斯. 公司法:理论、结构和运作[M]. 林伟华,等,译. 北京:法律出版社,2005.

[3] [美]乔迪·S·克劳斯,史蒂文·D·沃特. 公司法和商法的法理基础[M]. 金海军,译. 北京:北京大学出版社,2005.

[4] [美]莱瑞·D·索德奎斯特. 美国证券法解读[M]. 轩之,张云辉,译. 北京:法律出版社,2004.

[5] [德]托马斯·莱塞尔,吕迪格·法伊尔. 德国资合公司法[M]. 高旭军,等,译. 北京:法律出版社,2005.

[6] [美]罗伯特·C·克拉克. 公司法则[M]. 北京:工商出版社,1999.

[7] [英]梅因哈特. 欧洲十二国公司法[M]. 兰州:兰州大学出版社,1988.

[8] [美]J·弗雷德·威斯通,苏姗·E·侯格. 兼并、重组与公司控制[M]. 北京:经济科学出版社,2003.

[9] [韩]李哲松. 韩国公司法[M]. 日焕,译. 北京:中国政法大学出版社,2000.

[10] [美]弗兰克·B·克罗斯,罗巴特·A·普伦蒂斯. 法律与公司

金融[M].北京:北京大学出版社,2011.
[11] [英]艾利斯·费伦.公司金融法律原理[M].罗培新,译.北京:北京大学出版社,2012.
[12] [美]弗兰克·伊斯特布鲁克,丹尼尔·费希尔.公司法的经济结构[M].罗培新,张建伟,译.北京:北京大学出版社,2014.
[13] [美]罗伯塔·罗曼诺.公司法基础(第二版)[M].罗培新,译.北京:北京大学出版社,2013.
[14] [美]萨缪·鲍尔斯.微观经济学:行为、制度与演化[M].江艇,等,译.北京:中国人民大学出版社,2006.
[15] [日]田中诚二,堀口亘,川村正幸.新版商法[M].九全订版,1965.
[16] 罗培新.公司法的合同解释[M].北京:北京大学出版社,2004.
[17] 姜春一.日本公司法判例研究[M].北京:中国检查出版社,2004.
[18] 何美欢.公众公司及其股权证券(上册)[M].北京:北京大学出版社,1999.
[19] 施天涛.公司法论[M].北京:法律出版社,2005.
[20] 胡果威.美国公司法[M].北京:法律出版社,1999.
[21] 殷召良.公司控制权法律问题研究[M].北京:法律出版社,2001.
[22] 赵旭东.公司法学[M].北京:高等教育出版社,2004.
[23] 周友苏.上市公司法律规制论[M].北京:商务印书馆,2006.
[24] 赵旭东.新公司法制度设计[M].北京:法律出版社,2006.
[25] 张维迎.解公司[M].上海:上海人民出版社,2014.
[26] 刘俊海.现代公司法(第三版)[M].北京:法律出版社,2015.
[27] 刘俊海.股份有限公司股东权利的保护[M].北京:法律出版社,2004.

[28] 刘俊海.股东诸权利如何行使与保护[M].北京:人民法院出版社,1995.

[29] 史建三.跨国并购论[M].上海:立信会计出版社,1999.

[30] 史建三,石育斌,易芳.中国并购法律环境与实务操作[M].北京:法律出版社,2006.

[31] 周友苏.新公司法论[M].北京:法律出版社,2006.

[32] 卞耀武.当代外国公司法[M].北京:法律出版社,1995.

[33] 王保树.商法的改革与变动的经济法[M].北京:法律出版社,2003.

[34] 梁上上.股东表决权——以公司控制权争夺为中心展开[M].北京:法律出版社,2005.

[35] 周春生.融资、并购与公司控制[M].北京:北京大学出版社,2006.

[36] 徐燕.公司法原理[M].北京:法律出版社,1997.

[37] 吴建斌.最新日本公司法[M].北京:中国人民大学出版社,2003.

[38] 朱伟一.美国公司法判例解析[M].北京:中国法制出版社,2000.

[39] 伏军.我国上市公司投票代理权法律制度的研究[M].北京:北京大学出版社,2005.

[40] 李维安,武立东.公司治理教程[M].上海:上海人民出版社,2002.

[41] 高如星,王敏祥.美国证券法[M].北京:法律出版社,2000.

[42] 程恩富,胡乐民.新制度主义经济学[M].北京:经济日报出版社,2005.

[43] 郑琰.中国上市公司收购监管[M].北京:北京大学出版社,2004.

[44] 甘培忠. 公司控制权的正当行使[M]. 北京:法律出版社,2006.
[45] 张民安. 公司法上的利益平衡[M]. 北京:北京大学出版社,2003.
[46] 张开平. 英美公司董事法律制度研究[M]. 北京:法律出版社,1998.

二、论文类

[1] 王俊华,苗伟. 对委托书征集制度的立法思考[J]. 经济师,2003(1).
[2] 王淑梅. 发达国家委托投票征集制度特点及启示[J]. 求索,2004(4).
[3] 伏军. 公司投票代理权制度研究[J]. 西南政法大学学报,2005(4).
[4] 罗培新. 抑制股权转让代理成本的法律构造[J]. 中国社会科学,2013(7).
[5] 罗培新. 股东会委托书征求制度之比较研究[J]. 法律科学,1999(3).
[6] 陈明添,张学文. 股东投票代理权征集制度的效用[J]. 东南学术,2005(2).
[7] 周春梅. 论投票委托书征集之主体资格[J]. 法律适用,2002(5).
[8] 刘莹. 论委托书征集制度[J]. 云南社会科学,2004(1).
[9] 苏虎超. 我国上市公司委托书征集立法研究[J]. 政法论坛,2001(6).
[10] 谭九生. 论委托书征求与小股东利益保护[J]. 零陵师范高等专科学校学报,2002(1).
[11] 肖强,黄洪俊. 论我国征求委托书制度的完善[J]. 华北电力大学学报:社会科学版,2003(1).

[12] 黎明,胡红卫.美国委托书征集制度研究[J].社会科学论坛, 2003(11).

[13] 李翠颖.论台湾证券法关于委托书征求人的资格及其可代理股数限制的规定[J].财经理论与实践,2002(2).

[14] 李玲玲.投票代理权征集制度研究[J].法学,2005(2).

[15] 李伯侨,李进.委托书征集制度法理透视[J].南方经济,2005(9).

[16] 梁上上.表决权拘束协议:在双重结构中生成与展开[J].法商研究,2004(6).

[17] 朱红萱.台湾家族企业发展概况[J].海峡科技与产业杂志,2006(1).

[18] 邱永红.从胜利股份股权之争案看我国股东委托书征集法律制度的完善[G].证券交易所法律问题研究,2003.

[19] 范黎红.论上市公司委托书征集的法律规制[D].厦门:厦门大学博士学位论文,2003.

[20] 张正扬.委托书征集法律制度研究[D].重庆:西南政法大学硕士学位论文,2004.

[21] 周春梅.委托书征集制度研究[D].湘潭:湘潭大学硕士学位论文,2003.

[22] 虎岩.我国股东会委托书征求法律制度研究[D].郑州:郑州大学硕士学位论文,2003.

[23] 吴光前.征求委托书制度研究[D].苏州:苏州大学硕士学位论文,2003.

[24] 谈樨华.初论委托书征集的法律规制[D].厦门:厦门大学硕士学位论文,2002.

[25] 涂宏伟.论反对派股东委托书征集资格的限定[D].北京:对外经济贸易大学硕士学位论文,2006.

[26] 张玉涛.股东表决权征集制度探讨[J].山东工商学院学报,2005(3).

英文部分

[1] Robert W Hamilton. The Law of Corporations[M]. Beijing: Law Press, 2002.

[2] Lewis D Solomon & Alan R Palmiter. Corporations[M]. Beijing: Law Press, 2003.

[3] Adolf A Berle, Jr & Gardiner C Means. The Modern Corporation and Private Property[M]. London: Macmillan Publishers Limited, 1933.

[4] Andrew Lidbetter. Company Investigation and Public Law [M]. Germany: Hart Publishing, 1999.

[5] Jeffrey L Harrison. Law and Economics[M]. Beijing: Law Press, 2004.

[6] Mary A Glendon & Michael W Gordon & Paolo G Carozza. Comparative Legal Traditions [M]. Beijing: Law Press, 2004.

[7] Frank Easterbrook & Daniel Fischel. The Economic Structure of Corporate Law[M]. Massachusetts: Harvard University Press, 1991.